転職が僕らを助けてくれる

We have a weapon
named JOB CHANGE.

新卒で
入れなかった
あの会社に
入社する方法

山下良輔

ダイヤモンド社

人生を変える最もコスパがいい方法は「転職」。

これが、「やりたい仕事をやりながら、
高卒からでも30歳で年収1000万円を超えた」
僕の結論です。

転職する人は増えました。
でも、そこに「戦略」がなければ、
残念ながら単に
職場が変わるだけで終わりです。

「スカウトされる人材になれ」
「社内ＭＶＰをアピールせよ」
「どの会社でも役立つスキルを手に入れろ」

今すぐこうした
「エリート向けの転職の常識」は捨ててください。

この本で紹介する「5つの戦略」を知るだけで
「新卒採用で落ちたあの会社」
「学歴の基準で手が届かないあの会社」
に受かることができます。

親、学歴、失敗した就職活動……
過去は関係ありません。

僕らは今、この瞬間から
新しい人生を始めることができるのです。

はじめに

圧倒的にコスパがいいのは出世より「転職」

この本は、かつて新卒採用で第一志望の会社に入れなかった人、なんとなくモヤモヤを抱えながら今の会社で働いている人のために書かれた、**人生を変えるための「マニュアル」**です。

偏差値40以下の高校を卒業後、何も考えずに月給16万円の自動車部品会社に就職した僕が、3回の「転職という武器」を使って世界最大級のコンサルティング・ファームのコンサルタントになり、30歳で年収1000万円を超えた——そこに至るまでにやったことの全てを、誰でも再現できる方法論として落とし込みました。

このやり方で、僕は、外資系コンサルティング・ファーム、大手外資系IT企業、日系大手メーカーなどの一流企業に内定をもらいました(ごく一部の会社には通用しませんが、それは後ほどちゃんと書いておきます)。

「高卒からコンサルティング業界に転職し、30歳で年収1000万円を超えた」僕がこの事実を初対面の人に話すと、必ず2種類の答えが返ってきます。

ひとつは、「すごい大逆転!　相当努力されたんですね」。

もうひとつは、「へえ、もともと地頭がよかったんですね」。

これまで「ええ、まあ……」と笑って対応していましたが、僕はこの2つの言葉を聞くたびに、いつも違和感がありました。なぜなら形は違っていながら、どちらにも(いった本人は無意識かもしれませんが)「あなたは派手な下剋上ができてよかったね。運がよかったんだろうね。まあ、自分には関係ない話だけれど」というニュアンスが含まれていたからです。

断言しますが、僕が今のようなキャリアを歩んだのは、決して「がむしゃらな努力」や、「地頭のよさ」の結果ではありません。ましてや「運がよかったから」でもありません。

僕はただ「転職」という誰にでも使える武器を最大限利用し、「あたり前の結果」を手に入れただけなのです。そして僕がこの本に書いた**「誰にでもできるのに、みんなが実践していないこと」**を知るだけで、入りたい会社に就職し、やりたい仕事をして、お金の余裕もでき、今よりも納得した人生を送ることができるのです。

もしあなたが東京大学を卒業し、新卒で第一志望の大手企業に入社して、幹部候補生として出世の道を着実に歩んでいるとしたら、この本を読む必要はないと思います。あるいは商才があり、サラリーマン以外の副業で儲けているなら、僕がお伝えすることはそんなに有益ではないかもしれません。

でももし、親ガチャ、新卒ガチャ、環境ガチャ……過去に与えられたカードで人生が決められていると思い込んで、絶望を抱えているのなら。社会に出て年齢を重ねるにつれ、自分が「トップエリート」には入っていない現実に、じわじわ直面し始めているのなら。ぜひ、この先を読み進めてください。

日本の転職市場は「実績」だけが評価されるラッキーな場所

やりたい仕事をして、年収を上げる――そのためには出世より「転職」こそが圧倒的にコスパがいい。僕はそう断言します。

その根拠は、日本の特殊な労働市場環境にあります。多くの日本人は気づいていませんが、**転職を希望する人にとって日本は世界でも有数の恵まれた国**です。僕がこのことに気づいたのは、新卒で就職した会社の「タイ工場立ち上げ」で現地の人たちと話したことがきっかけでした。タイ人の同僚たちは「僕らは今とは別の仕事がしたいから、大学に通っているんだ」といっていました。

「ジョブ型雇用」という言葉を聞いたことはあるでしょうか。

これは主に欧米で普及している雇用システムで、「仕事に対して人を割り当てる」というものです。

採用時に「職務記述書（ジョブディスクリプションという）」に基づいた契約を結

び、担当する業務や範囲などをあらかじめ決めたうえで働きます。

一方で日本ではジョブ型雇用を導入している会社は12％程度にとどまり、「メンバーシップ型雇用」と呼ばれる働き方が主流です。[※] 新卒一括採用などによって「総合職」の人材を確保し、研修などを経て配属や仕事の割り振りが決まります。また、数年ごとに部署を異動するジョブローテーションなどは、メンバーシップ型雇用の典型的な働き方といえます。

ジョブ型雇用が中心の海外では、アカデミックな専門知識とジョブが完全に結び付いています。海外の専門職の社員は高学歴（大学院出身者）が一般的です。

日本でも、新卒一括採用においては「学歴」が超重要視されますが、ひとたび「転職市場」に出た途端、仕事の「実績」を見られるようになります。学歴や修士号の有無、大学や大学院で専門的に学んだ内容は選考過程で参考にされるくらいです。

これが、**東大卒がゴロゴロしているコンサルティング業界に、高卒の僕が入れたカラクリ**です。

日本のメンバーシップ型雇用の問題点を指摘し、ジョブ型雇用への転換を叫ぶ声も

採用における学歴と実績の重要度(イメージ)

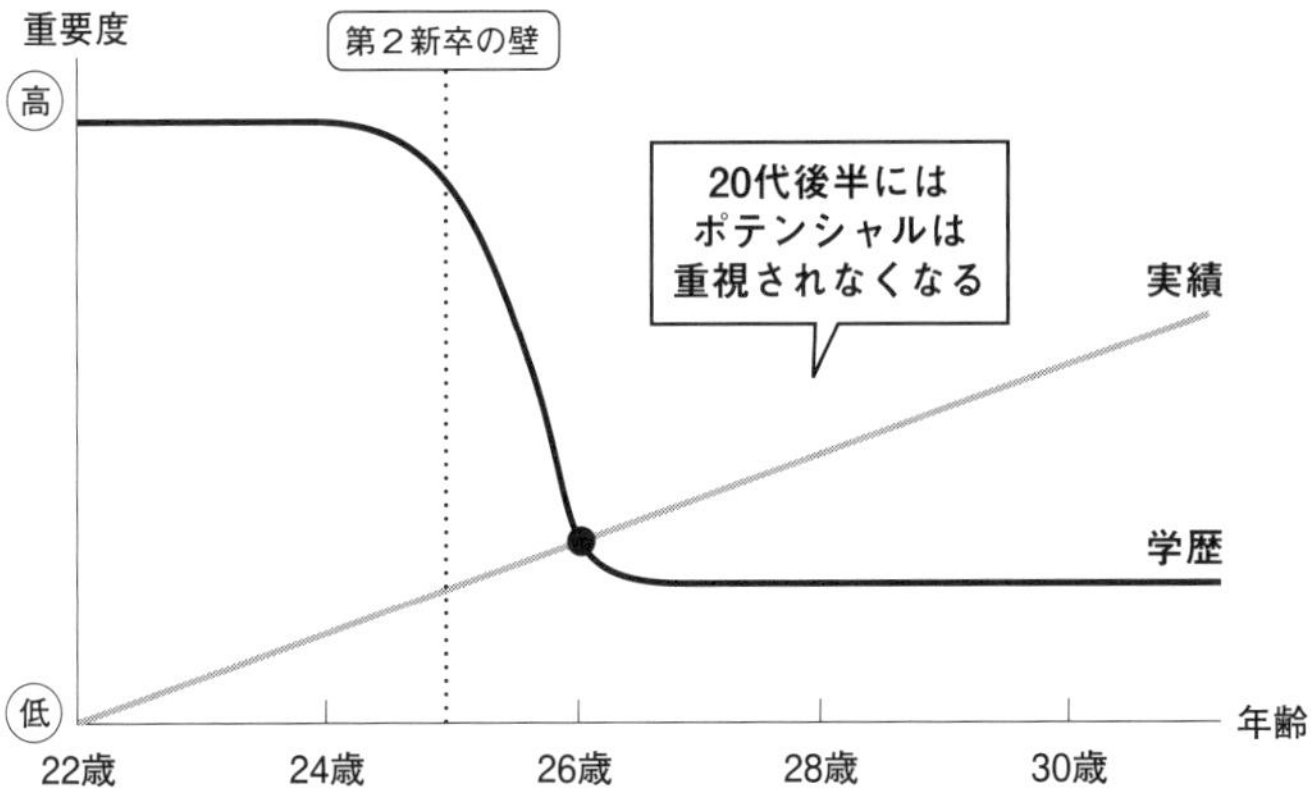

増えてはいますが、現実問題として転職を考えている人にとっては、とても恵まれた環境であることは間違いないのです。この社会構造をうまく利用しない手はありません。

実践者だから書けた超詳細なマニュアル

本書がこれまでの転職本と全く違うのは、「非エリートの戦略」に徹底的にこだわっている点です。

例えば転職本の超定番で「キャリア

※株式会社リクルートキャリア「『ジョブ型雇用』に関する人事担当者対象調査2020」

の一貫性を大事にしよう」という項目があります。これが僕にはあまり役立ちませんでした。志望している業界と今の自分の間に、一貫性はなかったからです。こうしたキレイごとを本書では徹底的に排除しました。

・常識：自己分析をしよう→**本書：自己分析を元に会社選びをしてはいけない**
・常識：コンサルやITはエリート→**本書：学歴がなくてもコンサルやITは狙える**
・常識：社内MVPをアピールせよ→**本書：地味な仕事でも転職の実績になる**

など、いわゆる一般的な転職の常識が覆されることばかりだと思いますが、これが僕ら持たざる者にとっての「王道」なのです。

僕はこのメソッドを**「わらしべ転職」**と勝手に名付けています。昔話『わらしべ長者』の貧乏なおじいさんが旅をするなかで、わらしべをみかんと交換し、反物と交換し、馬と交換し……最終的に大金を手に入れたように、僕も3回の転職によって少しずつステップアップしていきました。

僕は最初から狙いがあって、今の場所にたどりついたわけではありません。目の前のわらをつかんでいたら、遠くに来ていた、そんな感じです。

でも、18〜31歳までの歩みを今になって振り返ると、キャリアの選択のなかで「よかったこと」「悪かったこと」「意味があったこと」「ムダだったこと」が、僕にはわかります。そうした経験をもとに、**「予備知識がなくても誰でも使えて、再現性のある」マニュアル**にしたのが本書です。マニュアルの内容は僕が経験した業界以外にも応用がきく、普遍的なものに仕上げました。今どんな業界、どんな職種の仕事をしている人にも役立ちます。

ちなみに僕が高卒後に身を置いていた自動車業界では、マニュアルが超重要視されており、僕はそれを日々改善するのが大好きでした。

マニュアルを読めば、高校を卒業したばかりの新人でも、経験の浅い期間工でも、質の高い製品をつくることができる。それと同じように、本書を1冊読めば、誰でも転職という武器を使いこなすことができます。

では、一緒にマニュアルの1ページ目を開きましょう。

「転職」という武器だけが、僕らを助けてくれます。平凡で、何の取り柄もなく、「人生は、どうせこんなもの」とあらゆる不満を噛み殺し、受け入れて生きている僕らを。

2014年8月～2018年3月	2018年4月～2019年7月	2019年8月～2021年7月
24歳～28歳	28歳～29歳	29歳～31歳
株式会社SUBARU	PwCコンサルティング合同会社	デロイト トーマツ コンサルティング合同会社
自動車メーカー	コンサルティング・ファーム	コンサルティング・ファーム
先行開発担当	コンサルタント	コンサルタント
400万円→500万円 	550万円→700万円超 	1,000万円超 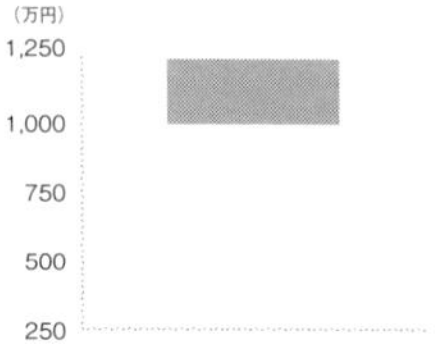
・自動車の先行開発 ・既存生産工場の生産性、品質向上活動 ・他社との技術交流会企画～実行管理	・大手製造業、IT企業のビジネスプロセス改善 ・大手製造業の基幹システム刷新を含むDX	・大手製造業、IT企業のビジネスプロセス改善 ・大手製造業の基幹システム刷新を含むDX
プロジェクトの仕事がしたい	年収を上げたい	

※2021年8月以降は独立

僕の「わらしべ転職」年表

年　月	2008年4月〜2012年7月	2012年7月〜2014年7月 (2013年5月〜タイ駐在)
年　齢	18歳〜22歳	22歳〜24歳
会社名	株式会社松田電機工業所	株式会社松田電機工業所 MATSUDA DENKI (THAILAND) CO., LTD.
会社の種類	自動車用スイッチ製造	
職　種	生産技術担当	海外事業企画 (タイ法人の立ち上げ)
年　収	250万円→350万円 	
仕事の内容	・自動車部品の生産準備 ・既存生産品の生産性、品質改善 ・自社開発製品のプロモーション企画	・海外法人の事業企画〜実行管理 ・生産工場のレイアウト設計〜建設管理、稼働までの立ち上げ ・採用活動や人事制度設計などの組織づくり
転職の理由	自動車会社で働いてみたい	

序章 新卒で入れなかったあの会社に入社する「5つの戦略」

第1部 転職活動編

第1章 会社選び

第2章 書類選考・面接

第3章 転職エージェント

第2部 転職準備編

第4章 実績づくり

第5章 身だしなみ

終章 最後の壁、「メンタルブロック」を解く

序章

新卒で入れなかった
あの会社に入社する
「５つの戦略」

1

「転職活動」と「転職準備」は車の両輪

転職活動が初めての人も、もう何回かしているよという人もいると思いますが、最初に僕らの武器「わらしべ転職」の全体像を説明しておきます。

戦略は「会社選び」「書類選考・面接」「転職エージェント」「実績づくり」「身だしなみ」の全部で5つ。それぞれを第1章〜第5章で説明していきます。

転職活動

戦略①【会社選び】適職を探すより「波」に乗れ

戦略②【書類選考・面接】成果より「思考のプロセス」を語れ

戦略③【転職エージェント】人生相談するより「情報」を聞き出せ

転職準備

戦略④【実績づくり】出世のためより「転職を前提」に働け
戦略⑤【身だしなみ】生まれつきの容姿より圧倒的な「清潔感」

注目して欲しいのが、「転職活動」と「転職準備」の2部構成になっている点です。

通常の転職活動は、「そろそろ会社辞めようかな……」と考え始めたときからスタートして、「会社選び」↓「書類選考・面接」↓「内定」↓「退職」のステップを踏みます。退職までの期間を考えると、だいたい3～6カ月くらいで行うのが一般的な流れです。そして9割の人が、転職を意識するときにこの「転職活動」にだけ目を向けてしまっているのが現状です。

ただ、こうした**「一時的に転職活動をする」**というやり方では、**「職を変える」ことはできたとしても、わらしべ転職で目指す「新卒で入れなかったあの会社に入社する」というゴールは達成できない**と僕は思います。

もし、転職という武器を使って本気で納得できる人生を生きたいと思っているならば、「転職活動」しか見えていない視野の狭さを矯正することが重要です。

・**転職活動**
・**転職準備**

この2つを、影響し合う両輪として考えてください。

「転職活動」だけがうまくなっても、あまり意味がありません。日々の仕事のやり方が、そのまま僕らの「実績」として積み上がるからです。そのためには、**転職活動中ではない時期にも「転職準備」を意識する**ことが重要なのです。

普通の転職とわらしべ転職の違い

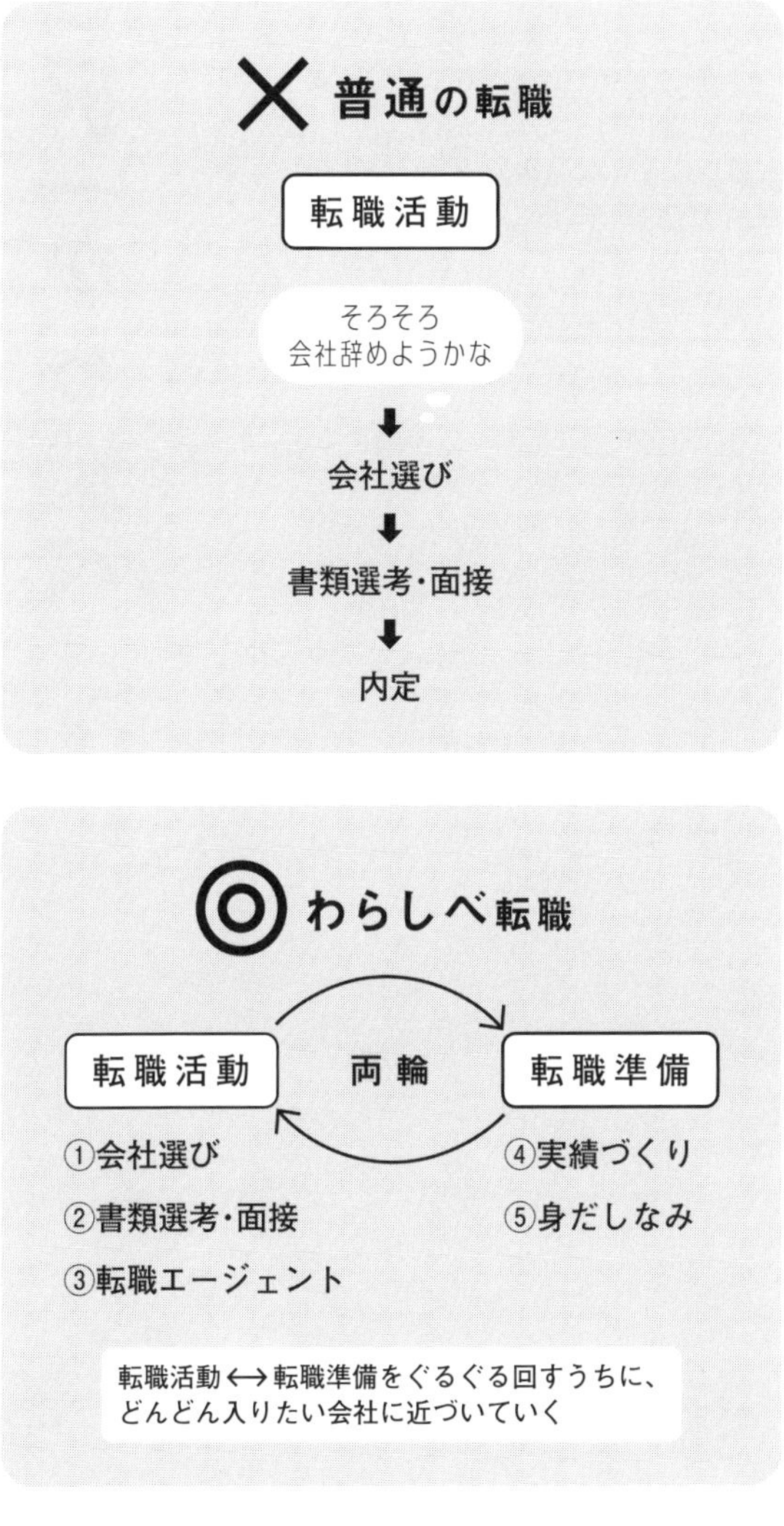

2

転職のゴールを見失ったら「3択」から選べ

本書のゴールは僕らが「人生は、どうせこんなもの」という状態から抜け出して**「キャリアの選択肢を増やす」**ことです。だから、その行く先は、人によって違います。「自分が納得するゴール」は、当然ですが自分で決める必要があるわけです。

しかし、これはあくまで正論。実際に僕がTwitterなどで転職の相談に乗っていると、

「自分の望みが複数あって、どれを優先したらいいかモヤモヤしている」
「自分が本当にやりたいことがわからない」

という悩みを本当によく聞きます。

さらによくないのが「悩み」が言語化さえされず、自分の本当の気持ちがわからないまま、やみくもに転職をしてしまっているケースです。

結果、「報酬でやる気が出るタイプだったのに、カリスマ社長に憧れて薄給の会社に転職してしまった」「外資系企業の現場でバリバリ仕事をしてやりがいを感じていたのに、日系企業の管理職にキャリアチェンジ。ゆったりした日本企業に合わず、結局メンタルを病んでしまった」など、いろんな失敗例を聞いたことがあります。

何よりも先に、自分の本心を知る。この優先順位を忘れないようにしてください。

自分の本心がわかっていない人に転職の相談をされたとき、僕は「ゴールは3択です。3つから希望するものを選んでください」と答えています。

その3択とは

①年収を上げる
②やりたいことをやる
③ワークライフバランスを優先する

です。年収をどこまで上げたいか？　ワークライフバランスのライフの割合はどれくらいか？　など、グラデーションはありますが、あらゆる転職の選択肢はこの3つに集約できると思います。僕の場合は、第1優先が「やりたいことをやる」、第2優先が「年収を上げる」でした。

「3つとも大事で、なかなか選べない」あるいは「2つの間で葛藤する」という場合はどうするか。僕の経験上、人の本音は逆接の接続詞のすぐあとに隠れています。つまり、**「でも」や「だけど」という言葉のあとに出てくるのが、あなたの本音**です。なぜなら本気で何かを決断している場合、人は「でも」とはいわないからです。どうしてもここが引っかかる、なんだか気になる。もし1ミリでもそう思うなら、それを押し殺さないほうが、後悔しません。

例えば

「この仕事はやりがいもあるしチャレンジしてみたい。でも子どもがまだ小さくて手がかかるんだよな……」

と思ったとします。「でも」のあとが本音なので、ここでの優先事項は「仕事＜子ども」。本心ではやりがいよりもワークライフバランスを優先したいと思っているはずです。

あるいは「この仕事はずっと夢に見ていたけど、年収がな～」と悩むなら、心の底ではやりがいよりも年収が優先事項と思っているはず。

「自分のやりたいことがわからない」という人でも、こうやって考えれば、何を優先すべきなのかがわかってくるでしょう。

3

「ヘッドハンティング」「リファラル採用」は無視せよ

いわゆるエリート人材の世界では、今、「ヘッドハンティング」「リファラル採用」が熱いといわれています。

ヘッドハンティングとは、いわゆる引き抜き。プロのヘッドハンターが「名指し」で優秀な人物に声をかけ、口説き落とすやり方です。特に、伸びている業界ほど優秀な人材の奪い合いで、高額の報酬を提示したり、社長自ら口説いたりといったこともあるようです。

リファラル採用とは、社員が知り合いなどを自分の会社に紹介する採用手法。会社側からすると、「信頼できる社員の紹介なら安心」という大きなメリットがあり、離職にもつながりづらいので、注目されています。求職者のなかにはこのリファラル採用のために「人脈」をつくったり、ＳＮＳで自分の実績を「発信」したりする人もいます。

しかし本書では、こういった転職方法は一切扱いません。

理由は、僕自身が経験したことがないから。そして、多くの人にとっては関係ないことだからです。本書のなかで何度も書くことですが、エリートの戦略と「わらしべ転職」の戦略とではやることが根本的に違います。**新卒で第一志望に入社できた人たちと今から同じことをしても、勝てません。**

「声がかかる」のは、確かにかっこいいです。僕だって「山下さん、うちに来ませんか?」と大手の自動車会社やコンサルティング・ファームから誘われたかった。でも、そんなオファーは来ませんでした。だから僕は、「採用の条件を緩和してでも、とにかく人が欲しい会社、タイミング」を探し出して、自分で応募しました。書類選考の段階で何回も落ちましたが、それでも全く気にせず、受け続けました。実際、20代のときはデロイトには2回落ちています。

運命の人は、いくら待っても僕らのところには来ません。でも、自分から探しに行くほうが、ずっと楽しい。僕は心からそう思っています。自分の意志さえあれば、人生は新しく始められるのです。

第1部 転職活動編

第1章 会社選び

適職を探すより「波」に乗れ

景気と同じように、転職市場にも波があります。いい波がいつ来るかは未知数で、転職市場の波と、自分の時間軸が合うかどうかはわかりません。

「自己分析をして自分に合った会社選びをしよう」などとよくいわれますが、ぶっちゃけていうと、半分ホント、半分ウソだと僕は思います。

もちろん、自分の強みに合わせた適職を探すに越したことはない。けれども、転職市場では「タイミング」や「波に乗る」ことのほうが重要です。いくら入りたい会社があって、自分に合っていたとしても、その会社が中途採用の募集をしていなければ、応募さえできないのです。

僕がスバルとＰｗＣに入れた理由は、タイミングでした。ちょっと残念な書き方になりますが、僕は「どうしても山下さんが欲しい！」と実績を評価されて内定を勝ち取ったのではなく、**会社側が「条件を緩和してでも、とにかく人が欲しかったタイミング」に採用された**。これが真実なのです。

41ページの図は、僕の会社選びの考えのコアである「波に乗るタイミング」を概念的に示したものです。

採用されるかどうかは**「企業が求める能力」と「個人の能力」の関係性**で決まります。この2つのグラフが近づくタイミングを狙って応募し、内定を手にするのがベスト。

だからこそ、自分のペースで一時的に転職活動をするのではなく、常にチャンスをうかがう姿勢が大事になってきます。「波に乗る」ためには、「波が来たぞ！」と知ってから慌てても遅い。準備を万端にして「波を待つ」態勢ができていなければならないのです。

なお、この図を右に伸ばしていくと存在しているのが「年齢の壁」です。時間をかけてスキルを身につけたとしても、「管理職でしか雇われない年齢」になってしまうと、企業が求める能力は上がってしまいます。その意味で、本書の内容はなるべく早く実践に移したほうがいい。入りたい会社は、とりあえず受けたほうがいい。これが原則です。

一度タイミングを逃してしまった結果、その波はもう二度と来ないかもしれない。
そのことは常に頭に置いておいてください。

転職の合否はタイミングで決まる

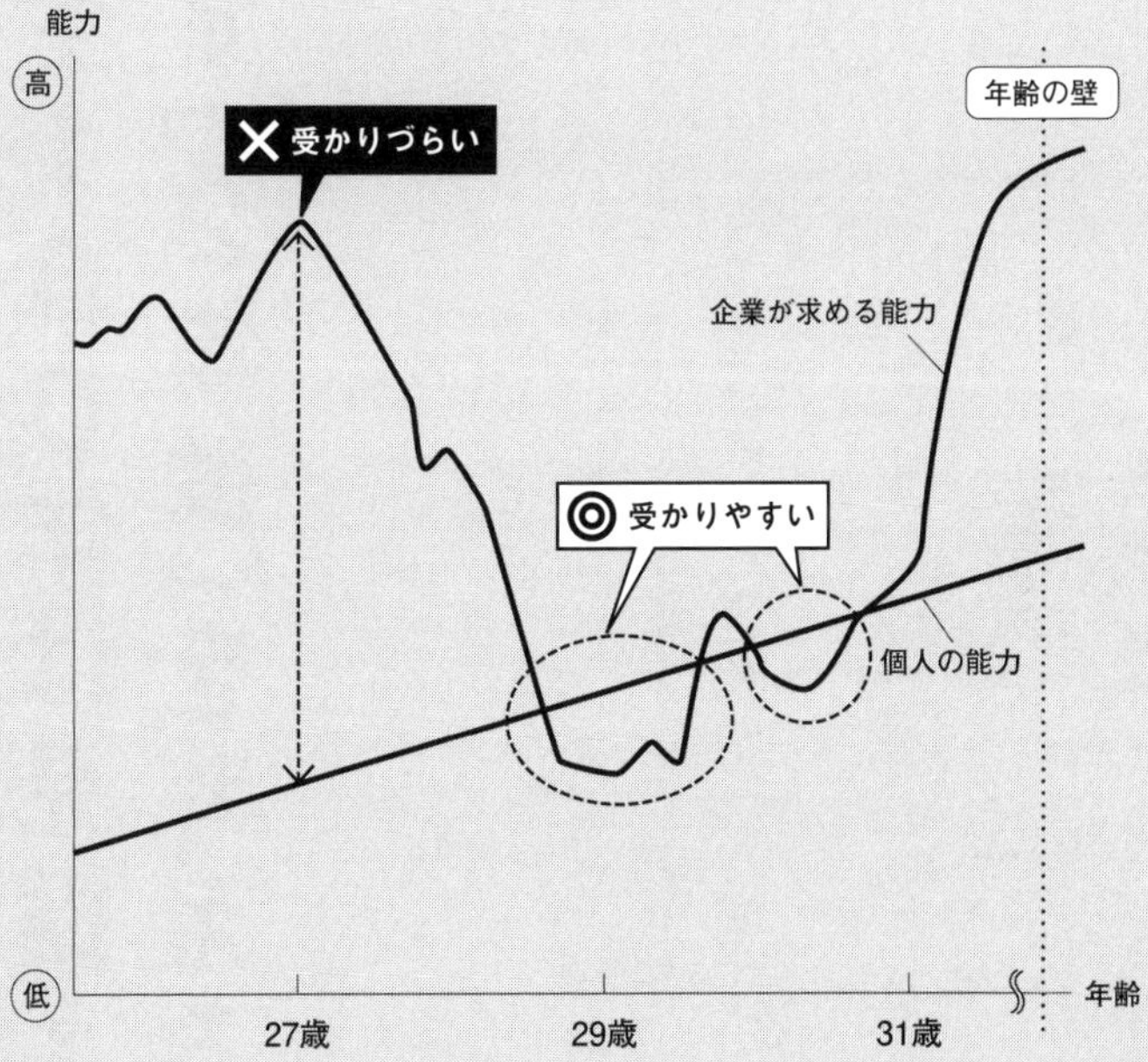

ここでいう「能力」とは、学歴、スキル、経験などを含む
総合的な力を指す。企業側が「人が大量に欲しい」ときは、
学歴やスキルなどが多少低くても採用されやすくなる

4

人生100年は見据えず まず「2年後」を考えろ

企業が求める能力と個人の能力。この2つのグラフが近づくタイミングを狙うためには、自分が入りたい会社をある程度絞り込む必要があります。なぜなら採用基準が高いか低いか、今後どう変化するかは、業界ごと（場合によっては会社ごと）に違っているからです。

釣りでたとえるなら、まずは、「自分が釣りたい魚、釣りたい場所」を選んで網を仕掛けておく。そして、タイミングが来たら引き上げる。

ただし、会社選びの最初の段階では、1社に絞る必要は全くありません。むしろざっくり「業界」あるいは「複数社の候補」を出し、それらのなかで中途採用の募集があったタイミングでどんどん受けていくやり方が、結果が出やすいと思います。

ここ数年、「人生100年時代を見据えた働き方」といったフレーズを聞いたことがある人も多いのではないでしょうか。しかし、僕は正直「100年生きることを前提としたキャリアプランの重要性」を説かれても、違和感を覚えます。特に転職については、こうした長期視点は不要だと考えています。

だからといって「ただ目の前の仕事に打ち込もう！」という近視眼的すぎる考え方では、なかなか難関企業には内定をもらえません。そこで僕は、**「2年以内に入りたい会社」**を決めることにしています。

理由は2つあります。

ひとつ目の理由は、**「転職市場の波」は、常に動いている**から。今採用に積極的な業界が、2年後に同じ状況かは正直誰にもわかりません。僕にチャンスが回ってきた「コンサルティング業界」も、この先ずっと大量採用が続くかは未知数。だから、先のことを考えるのはスッパリやめたほうが賢明なのです。

2つ目の理由は、**「2年」あれば、入社できる確率が高くなるから。**

2年は、個人がスキルを身につけ、目標を達成するのにちょうどいい単位です。大学院の入学から修了までが2年。僕自身、スバル時代に「コンサルタント」という職業を知ってからPwC入社までの期間がだいたい2年。実績を積み、異業種への転職をすることができました。

僕の友人で、大学の情報工学系の学部出身ではないのに大手外資系IT企業にエンジニアとして入社した猛者がいるのですが、彼がゼロからITスキルを身につけて入社するまでの期間も、2年くらい。20代でGAFAの営業部門に入社できた友人も、初めて営業職についてから、2〜3年で内定をもらっていました。

もちろん「大企業の社長になる」というような長期的目標は、2年ではかなえられません。しかし、どんなに大きな目標も「2年でできることの積み重ね」と考えることでハードルが低くなり、実現の可能性が高くなります。「2年で社長のカバン持ちを極める」「2年で財務の知識を手に入れる」と考えていけば、その先に社長の座も見えてくると思います。

5

会社選び①

「今の年収」「今の仕事」を基準にしない

では具体的に、「2年以内に入りたい会社」を決めていきます。

僕が会社選びで重視する最も大事なポイントが**「現状にとらわれない」**ことです。

現状とは、もう少し具体的に言い換えるなら「今の年収」「今の仕事内容」。

「今の仕事の年収より、金額をアップさせたい」

「今の仕事内容より、キャリアアップしたい」

こうした考え方をしている限り、本当に納得できる人生を送ることはできません。

例えば、現在年収300万円の人が「年収を上げたいな」と考える場合。たいてい

２年以内に入りたい会社の決め方

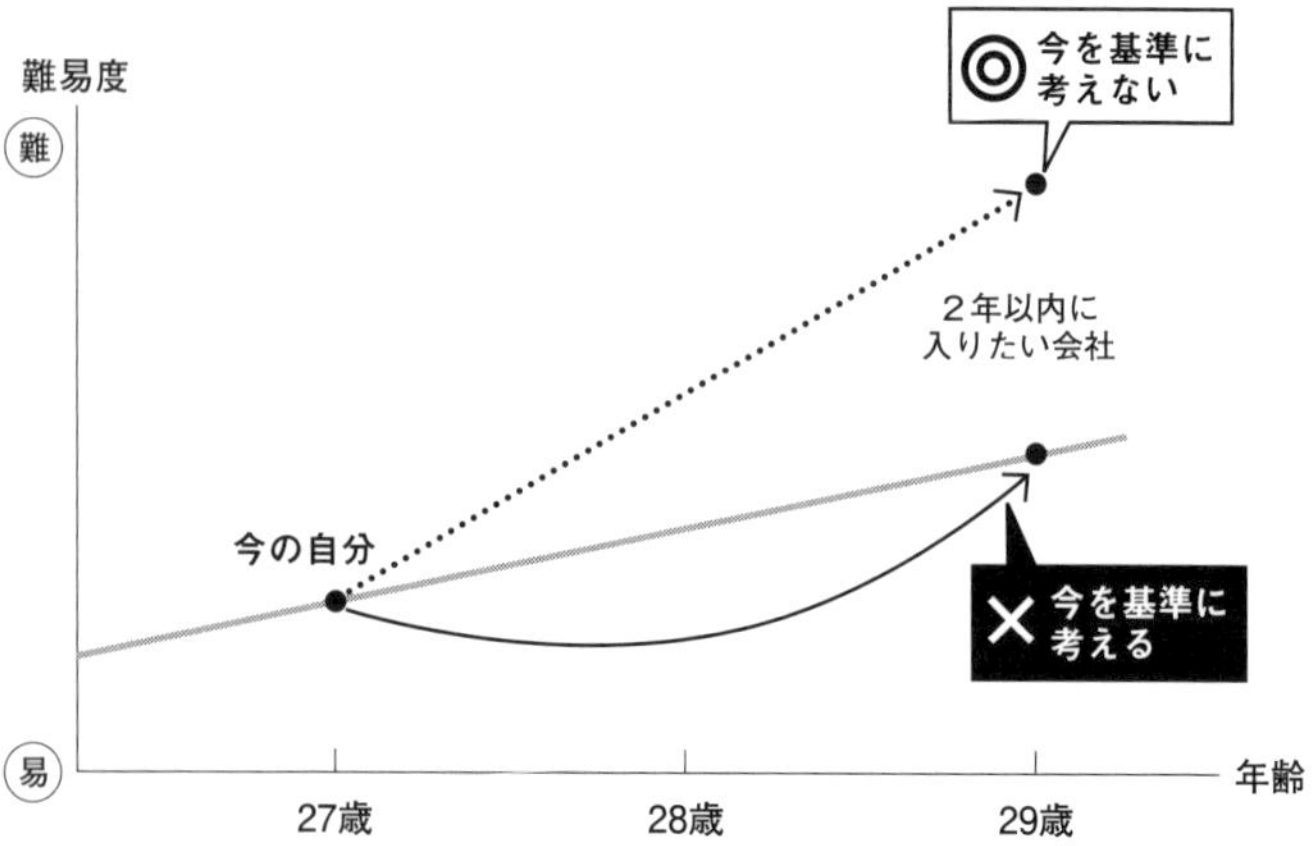

同じ業界の、少し年収が上（年収３５０万円くらい）の企業を目標にしてしまいます。

仕事の内容も同じで「今できる仕事はこれだから、次にやりたいことは？」と考えてしまう。そうすると、たいてい同じ業界の、同じ職種にしか目が向きません。それくらい、人は「今の環境」を基準にして生きているのです。

偉そうに語っていますが、実は高校を卒業するときの僕が、この「現状にとらわれる」典型例でした。周りのみんなが高校を出たら、地元の工場に就職する。自分が経験したことがないから、見たことがないからという理由で、それ以外の選択肢を、検討することもしませんでした。実際、新卒のときに僕が会社説明会に行ったのは、愛知県内に工場のあるメーカー2社だけでした。

「今の年収」「今の仕事」を基準に転職活動をして、**仮に内定が取れたとしても、正直、転職の「回数」が増えるだけ**です。さらに同じことを繰り返せば、単なるジョブホッパーとなってしまう。結果、若いうちは少しは年収が上がっていた人も、転職するたびに、年収や、やれる仕事の幅がだんだん狭まっていきます。転職すればするほど、キャリアの可能性が狭まる……これは人生を変える「わらしべ転職」と正反対の行為であり、本当にもったいないことです。

6

会社選び②

日本の「年収ランキング」を知る

会社選びで「現状にとらわれない」ために、まずやるべきこと。それは、「日本企業の年収ランキング」をざっくりでいいので、知っておくことです。

僕が転職したコンサルティング業界は「30歳で年収1000万円」になることも可能です。一方で、前職の製造業は、「30歳で600万円」あればいいほう。そして、この400万円の差は、個人の能力とは全く関係ないところで存在しています。年収1000万円の業界があることを「知っている」か「知らない」かが、運命をわけているのです。

次のページに『会社四季報　業界地図2022年版』発表の「業界別40歳の平均年収」の図を入れておきました。

・日本にある全ての業界名
・日本にある全ての業界の年収

を知る。それだけで**自分が今いる業界の常識や前提がいかに「狭い」かに気づくこと**ができます。

さらに大事なのは、この「差」を我がこととして実感すること。これを見て**「えっ、他の業界の人たち、こんなにもらってるの？」**と一度驚く。その気づきが大事だと僕は思っています。そうして初めて「じゃあ自分はどうしよう……」とゼロベースで考えることができるからです。

ちなみに、工場で働いていた僕が「コンサルタント」「コンサルティング・ファーム」の存在を知ったのは、松田電機にそう名乗る人が来ていたからでした。その後、身近な人でコンサルタントに会ったのは、スバル時代。働きながら大学院に通った26歳の

業界別40歳の平均年収

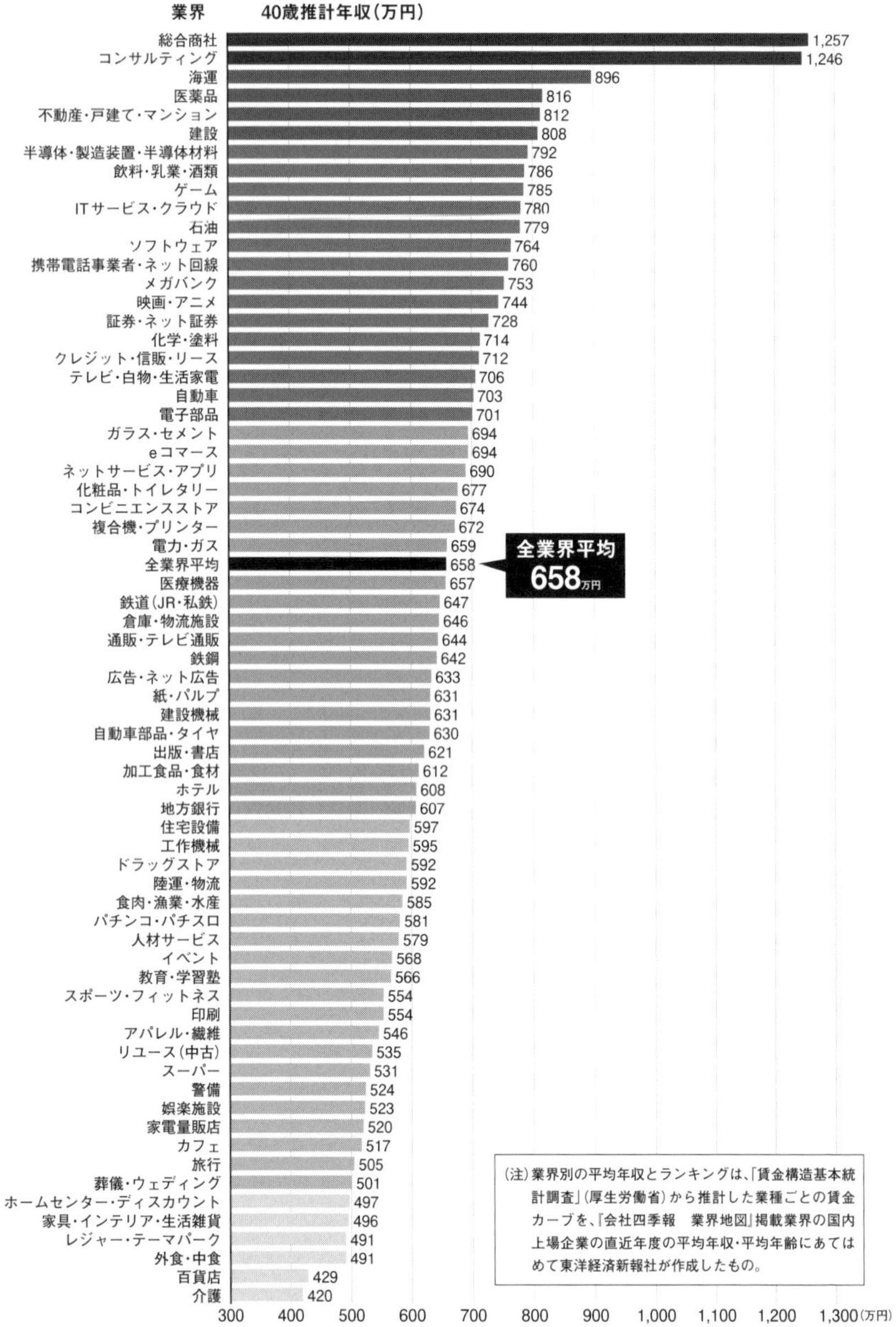

（注）業界別の平均年収とランキングは、「賃金構造基本統計調査」（厚生労働省）から推計した業種ごとの賃金カーブを、『会社四季報　業界地図』掲載業界の国内上場企業の直近年度の平均年収・平均年齢にあてはめて東洋経済新報社が作成したもの。

出典：『会社四季報　業界地図2022年版』（東洋経済新報社）

ときです。当然のことですが、職業の存在さえ知らないときは、目指そうとすら思っていませんでした。

もし転職するうえで「年収はそんなに大事じゃない」と思っている人にとっても、このランキングを知ることにはメリットがあります。今の自分がいる業界の「立ち位置」を客観的に見ることができるからです。

例えば、今の会社で「あの人は仕事ができてすごいなあ」と崇拝している部長のことを「あれ、でもこの業界にいる限り50代で年収８００万円は超えないのか。コンサルティング業界だと、20代と同じか……」などと冷静な視点で見ることができる。最終的に「年収は自分にとって最重要事項ではない。今の業界にいることを優先したい」と結論づけるとしても、「知らなかった」よりはずっと視野が広がります。

7

会社選び③

「モチベーションチャート」で自分がやりたいことを言語化する

「2年以内に入りたい会社を決める」といっても、具体的な社名・業界がすぐ浮かんでくる人ばかりではないと思います。そういう場合、「自分はどんな仕事がやりたいのか」を言語化する必要があります。

僕自身はもともと自己流で「楽しい仕事」「得意な仕事」を書き出していたのですが、大学院で経営学を学んでいたとき、「ジャーニーマップ」という便利なフレームワークがあることを知り、使うようになりました。

ジャーニーマップは、一般的にはマーケティングの一環として使われ、ユーザーの行動や感情を図式化するツール。僕はこれを転職に応用して、「モチベーションチャート」という図をつくりました。モチベーションチャートを描くと自分はどんな仕事をしているとき楽しいのか、逆に楽しくないのかに気づくことができます。

〈モチベーションチャートの描き方〉

①時系列で「会社名」「仕事内容」を書く

まずは横軸に、時系列で会社名と仕事内容を書いていきます。ひとつの会社につき1項目である必要はありません。業務内容や役職、プロジェクトなどによってわけてみてください。

②モチベーションの変化をグラフにする

仮に、「今の会社はつまらない」と漠然と感じている人も、日々の仕事でずっとモチベーションが低かったわけではないと思います。

例えば「昨年やったプロジェクトの立ち上げはワクワクした」とか「今の仕事は社内調整がいつも大変で不満を感じている」など、同じ会社の業務でも、仕事内容によって感情に波があるはず。

さらに、同じ作業をしていても、「技術を覚える段階は楽しかったが、一度覚えてしまうと退屈になる」という場合もあります。僕がまさにこのタイプで、一度やったことを二度目、三度目……と繰り返すのが苦手です。

僕のモチベーションチャートを見ると、グラフが上がっているのは

・タイでの工場立ち上げ
・自分で立ち上げたプロジェクト
・コンサルティング・ファームでのプロジェクト仕事

反対に、グラフが下がっているのは

・仕事がオペレーション化してきたとき

でした。

ここから、「決められたことを繰り返す仕事ではなく、プロジェクトベースの仕事がしたい」という自分のやりたい仕事内容が見えてきます。

僕のモチベーションチャート

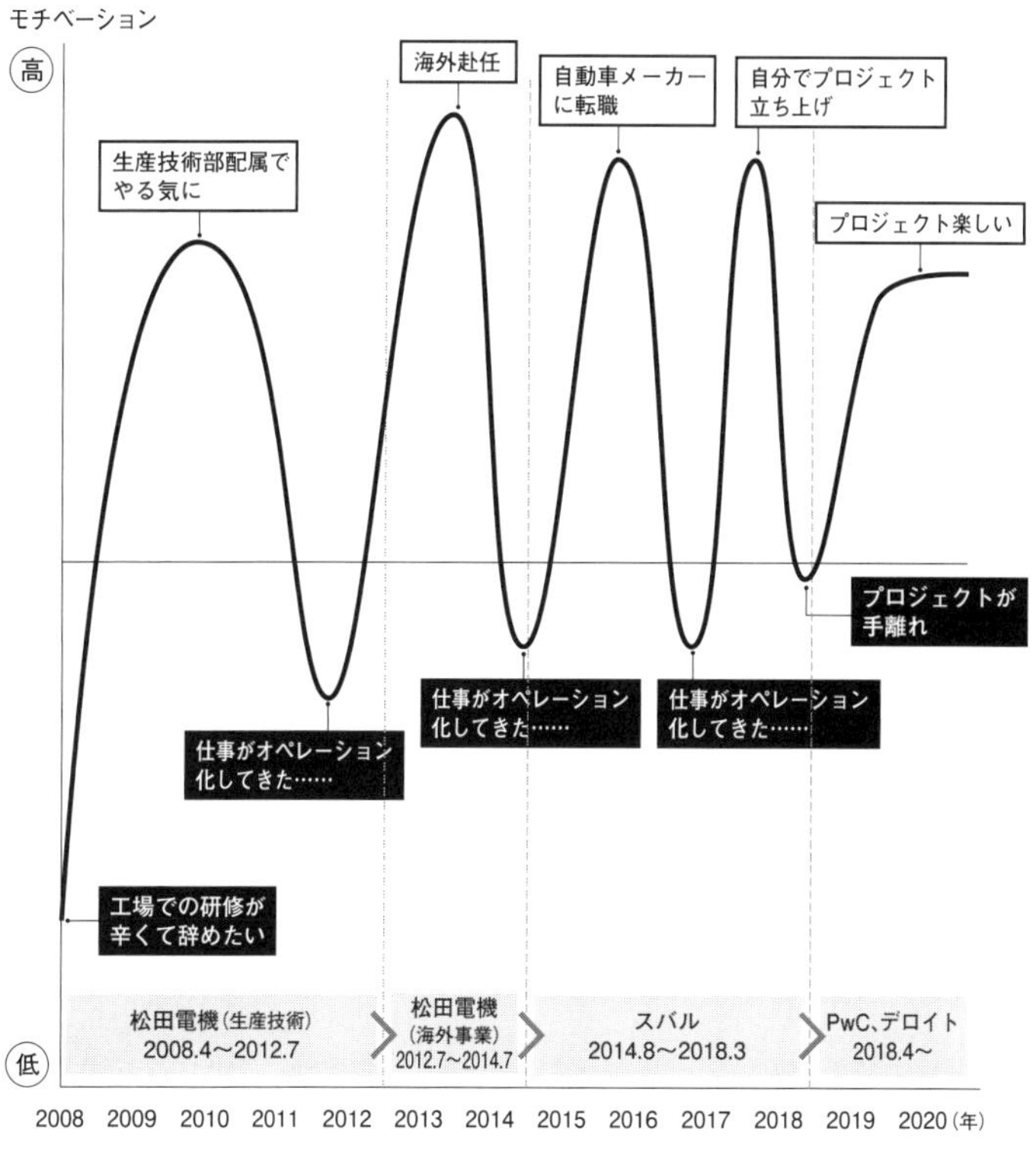

グラフにしてみると
「上がっている部分」「下がっている部分」の理由は
意外と似ていることが多い

8

会社選び④

「業界」「職種」「職位」「希望年収」を書き出す

モチベーションチャートでざっくり「自分はどんな仕事がしたいのか」を言語化できたら、今度はそれを具体的な「数字」や「固有名詞」に落とし込みます。

・2年以内に入りたい「会社（業界）」
・2年以内になりたい「職種」
・2年以内につきたい「職位」
・2年以内の「希望年収」

の4つをセットで書き出してみるのがおすすめです。この4つは、転職サイトで求人票を検索するときに選ぶ内容と同じです。

これらを書き出すことで

・今と同じ業界で転職するのか、業界を変えるのか
・今と同じ職種で転職するのか、職種を変えるのか
・マネジャーになりたいのか、プレイヤーのままがいいのか
・年収の上限、下限をどこまで望むのか

について、否応なく考えることになります。これまでフワフワしていた「2年後」の解像度が、ぐっと上がるのです。

モチベーションチャートを描いた段階で「決められたことを繰り返す仕事ではなく、プロジェクトベースの仕事がしたい」と考えた僕は、次のように4つの要素を設定しました。

・2年以内に入りたい「会社（業界）」：コンサルティング業界
・2年以内になりたい「職種」：コンサルタント

・2年以内につきたい「職位」：気にしていない
・2年以内の「希望年収」：1000万円くらい

書き出してみたことで**「自分がやりたい仕事、希望年収を実現するには、業界を変える必要がある」**と気づいたのが、僕にとっての最初の大きな転機でした。「スバル（今）の延長線上」ではないキャリアが見えてきたのです。

9

企業の「採用条件が緩くなるタイミング」を逃すな

ここまで述べてきた「2年以内に入りたい会社（業界）」は、僕らが自分の都合で勝手に決めたもの。黙っていても、相手からオファーは来ません。ここから先は、個別の会社に狙いを定めて求人に応募する必要があります。

多くの転職本も、転職エージェントもあまり声高に語りませんが、会社には大量採用＝「採用条件を緩くしてでも、人が欲しいタイミング」が存在しています。これを狙うことこそが、僕らが難関企業に受かるための超重要なポイントです。

では、どんなときに大量採用は行われるのでしょうか？　そのパターンを知っておくことで、ネットで求人票を見るときの視点がいっきに変わります。

もし「2年以内に入りたい会社（業界）」の希望が全くなく、

「仕事の内容は本当になんでもいい」

「とにかく最も年収が高く、最も少ない労力で入社できる会社を選びたい」

という人は、ここに書いた大量採用のパターンに該当する会社（業界）をいきなり受けていくのが最も効率がいいと思います（僕は、やりたいことベースで仕事をするのがなんだかんだいって幸せだと思っているので、積極的におすすめはしませんが）。


ちなみに僕が転職したコンサルティング・ファームは

- 企業が求める能力：そもそも入れ替わりが激しい。さらに需要の高まりによって採用条件が緩和され、多くの人に門戸が開かれ始めた
- 個人の能力：専門的なスキルの積み上げがそれほど必要ない

という今、最高に「入りやすいタイミング」が来ている業界です。

では他にどんなタイミングを狙えばいいのか、具体的に見ていきます。

10

タイミング①

外資系の「年中無休」採用を狙う

第一の狙い目は、外資系が時期を問わず行っている「通年採用」です。外資はエリートのイメージが強く、入社が難しい印象がありますが、超難関はＧＡＦＡなどごく一部。もともと、新卒よりも中途での採用が圧倒的に多い業界です。

なお、外資系・ＩＴ業界が時期を問わず採用を続けている理由は雇用の流動性が高い、つまり**「辞める人が多い」**ため。成績を残せなかった人は自ら去る仕組みなので、その分の人材を年中補填しています。

〈具体的な職種〉

・外資系コンサルティング・ファーム（総合・IT系）のコンサルタント

狙い目です。このトレンドがいつまで続くかはわかりませんが、どの会社も通年で大量採用を行っています。僕が転職に成功した「総合コンサルティング・ファーム」のいいところは、転職前の「特別な知識や経験の積み上げ」がなくても受かる可能性があること。元いた業界の知識をそのまま生かすことが可能で、プラスアルファでロジカル・シンキングができればジョブチェンジして転職できる可能性があります。

少数派ではありますが高卒の僕以外に中卒の同僚がいたり、そうかと思えばイメージ通り東大卒がいたり、学歴も多様でした。

・外資系IT企業の営業

営業職は外資系で通年採用が行われている職種で、年齢が若いうちは「経験・スキル」が他の職種に比べると問われず、ポテンシャルが重視される傾向がありますます。この点ではコンサルタントと同様、僕らにチャンスがあります。

・外資系IT企業のエンジニア

外資系IT企業のエンジニアは、企業により少数精鋭で、高度なスキルが問われることもあります。ポテンシャル採用はないので、その点はどこかの会社でステップを踏み、実績づくりをしてから転職するのがいいと思います（ステップの踏み方は75ページ参照）。

〈探し方〉

企業名や業界、職種ではなく「外資系」という基準で会社選びをしてみるのも、タイミングを逃さないひとつのやり方です。メーカーや金融、広告など、その他の業種でも、通年採用を行っている企業は多くあります。

11

タイミング②

「売上急拡大」で人手不足の会社を狙う

外資系に比べ、日本の伝統的な大企業が大量採用を行うタイミングはかなり限定されます。

なぜなら日本の大企業は、新卒一括採用で大量に人を採ることが可能だからです。

特に大企業の場合はネームバリューのある大学の優秀な学生がたくさんやってきて、そのなかから選ぶことができる。しかも、新卒であれば中途採用で実力がある人を雇うよりもコストを抑えられます。

したがって、**売上の急激な拡大に伴って大量の人が必要となるような、中途採用を「せざるを得ない」タイミング**でない限り、積極的な大量採用を行いません。

僕が転職したスバルも、例外ではありませんでした。ではなぜ入社できたかというと、スバルの売上が急伸し、大量に中途採用を行っていたタイミング（波）に乗れたからです。

僕が入社したのは２０１４年ですが、当時のスバルは２０１２年に約１・５兆円だった売上高が２０１４年に約２・４兆円、２０１７年には約３・３兆円に急増。特に、自動車の生産準備（自動車を工場で量産する前の準備業務）を担う部署の人員が足りていませんでした。僕が所属していた生産技術部は、毎月のように新しい人が入社して部署の人数は２～３割増くらいに拡大していました。

ここではスバルの例を挙げましたが、「売上急拡大」で人手不足なのは日本の大企業に限りません。最近は、**企業のＤＸ（デジタルトランスフォーメーション：デジタル技術を使って業務や経営を改革すること）などによりＩＴ需要が急激に伸びています。**

僕が異業種からの転職でＰｗＣに潜り込めたのは、同社が当時、ＤＸ推進に向けて積極的な大量採用を行っていたからです。しかも応募条件が厳しくなく、「未経験者歓迎」だったこともラッキーでした。実際、同社の新卒採用よりもかなり多い人数を中途採用していました。

ベンチャー企業で売上が急拡大している場合はさらにチャンス。大企業の場合は「若い人は採用するが、管理職にはポジションがない」という場合もありますが、組織として成熟していない、つまり「上が詰まっていない」ベンチャー企業であればポジションもどんどん増えて、出世、昇給のチャンスも生まれます。

〈具体的な職種〉

・SIer《エスアイヤー》のエンジニア

ＳＩとは「System Integration」。SIerとは、コンピュータやネットワークを組み合わせてシステムをつくる「システム関連会社」全てを指します。クライアント企業のＤＸ需要の高まりに対応するために人が必要になり、大量採用が増えています。

仕事の内容は、クライアントの課題を、ＩＴの力で解決すること。次に述べるSaaS《サース》企業のサービスを導入することもあります。ただし、完全未経験だとキツい職種であるのも事実。受かるためにも、入社してから実務を行ううえでも、ある程度スキルの積み上げは必要です。

・**SaaS 企業の営業**

SaaS とは、「Software as a Service」の略。ネット上で使う「サービス」を売ることです。

人を大量に採用している理由は、サービスを導入する企業が増えて、営業の人員が必要だからです。

〈探し方〉

・**求人が「あらゆる部署」から出ている**

「とりあえず人が足りていないんだな」とあからさまにわかる状況です。受けたい企業が転職などで企業名で検索したときこの状況であればチャンスのタイミングだと思ったほうがいいです。当然ですが、売上の急拡大が永遠に続くことはないので、いつ採用が終わるかも未知数です。

・利益ではなく「売上の伸び率」を見る

「決算が好調だった」とニュースになっていたら、「売上規模」が大きくなっているかをチェックしてください。企業が大量採用を行うのは「売上」が拡大しているときです。仮に、少数精鋭で「利益率だけ」が上がっている場合、市場ではもちろん評価されますが、採用はない可能性が高いです。

12

タイミング③

スタートアップの「資金調達後」を狙う

スタートアップ企業は、大企業のように認知度が高くないため、安定した新卒採用ができません。そのため、いつも中途採用の即戦力を求めています。特に狙い目なのが、資金調達後のタイミングです。とりわけ**人手不足が原因で成長が止まり、困っている会社**は、中途採用を全職種で行っています。

ちなみに、資金調達したばかりのスタートアップ企業と前述した売上拡大している企業を比べると、基本的には前者のほうが、採用条件は緩い（ポテンシャル重視）と思います。ただし、投資家の評価を得て資金調達しただけで、まだ結果は出ていません。売上や利益がこれから確実に伸びるかどうかは未知数。そういう意味で、安定した企業に勤めたい人にはあまり向いていないかもしれません。

一方で、会社の成長に合わせて自分も急速に成長できるという利点があります。僕は松田電機時代、タイで工場をゼロから立ち上げたことで、工場の企画や運営、従業員をゼロから雇うなどの「仕事（経営）の基本」を理解することができました。これは、安定した会社でルーティン業務をこなしていたら絶対にわからなかったことです。

環境が整っていないからこそ、なんでもやることができる。それは今後の転職にも圧倒的に有利な経験、スキルとなります。

〈探し方〉

・資金調達のプレスリリースを出している

資金調達をした企業は、プレスリリースを出すことが多いです。しかも、最近はプレスリリースにそのまま採用情報を載せているケースもあります。「スタートアップ　資金調達」などで検索してみればいろいろと出てきます。

13 今すぐ「一発逆転の呪い」を解け

年収一覧を見て夢が広がり、やりたい仕事、業界も決まった。しかしいざ求人票を見ると「自分はこのスキルを持っていないから」と受けることさえあきらめてしまう――。僕のところに相談に来る人が陥る「転職者あるある」です。

あきらめてしまう一番の原因は「1回の転職で、目標を達成しないといけない」と思い込んでいるから。本人は無意識かもしれませんが、**「一発逆転の呪い」**を自分にかけてしまっている人は、本当に多い。これは僕からすると、かなりもったいないことです。

入りたい会社にすぐに転職できない場合には、**「複数回のステップを踏む転職」**に、考えを切り替えてみましょう。

旅行をイメージしてみてください。日本から行きたい国への直行便がないからといって、その旅行をあきらめることはないはずです。目的地近くの空港やハブ空港で乗り換えれば、目的地にたどりつく。飛行機のトランジットのように、転職でも「ステップを踏む」「間を挟む」という考え方でいいのです。場合によっては、まずは地方の空港から成田空港か関西国際空港へ向かう必要がある人もいるかもしれません。でも、多少時間がかかっても、目的地へはたどりつけます。

ステップを踏むとは、「入りたい会社に必要な実績を積める会社」にまず転職し（実績のつくり方は第4章を参照）、数年後に再度チャレンジする作戦です。僕が東大などの高学歴エリートがひしめき合うコンサルティング業界に転職できたのも、「段階を経て」武器を手に入れたから。まさに「わらしべ長者」のやり方です。

一発逆転をしなくていいとはいえ、「転職を繰り返すと不利になるのでは？」と心

ステップを踏むほうが入りたい会社に近づける

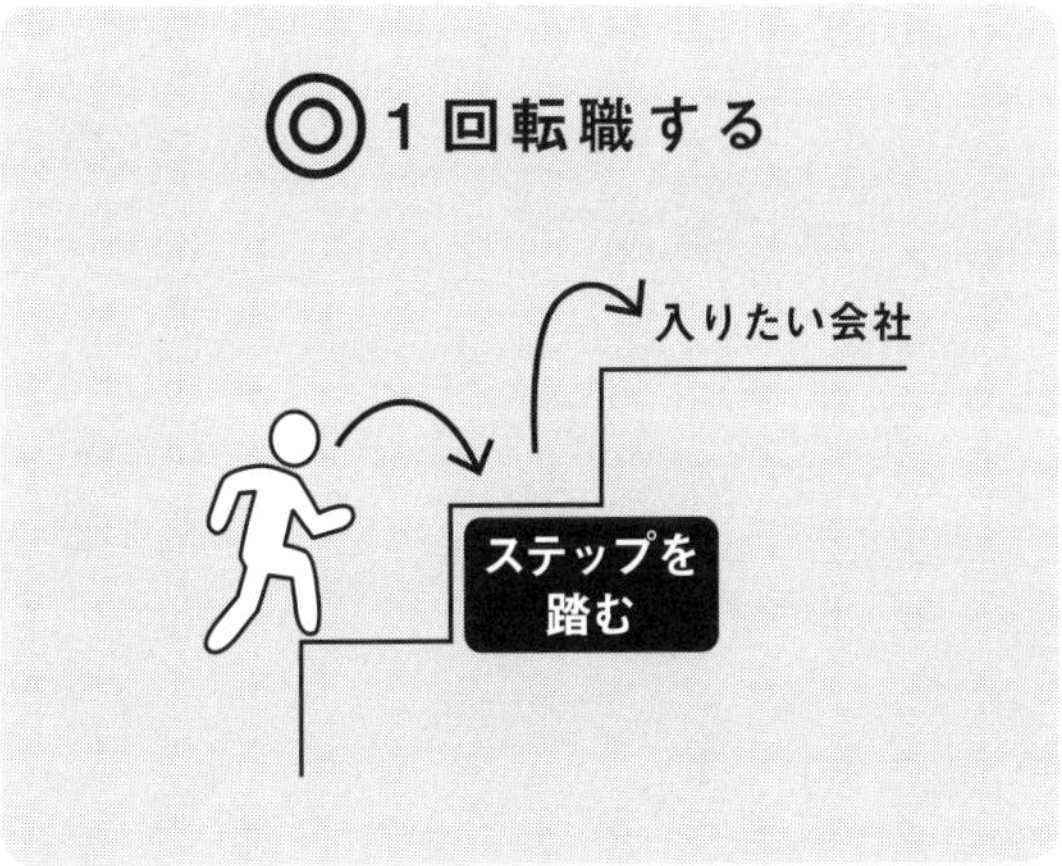

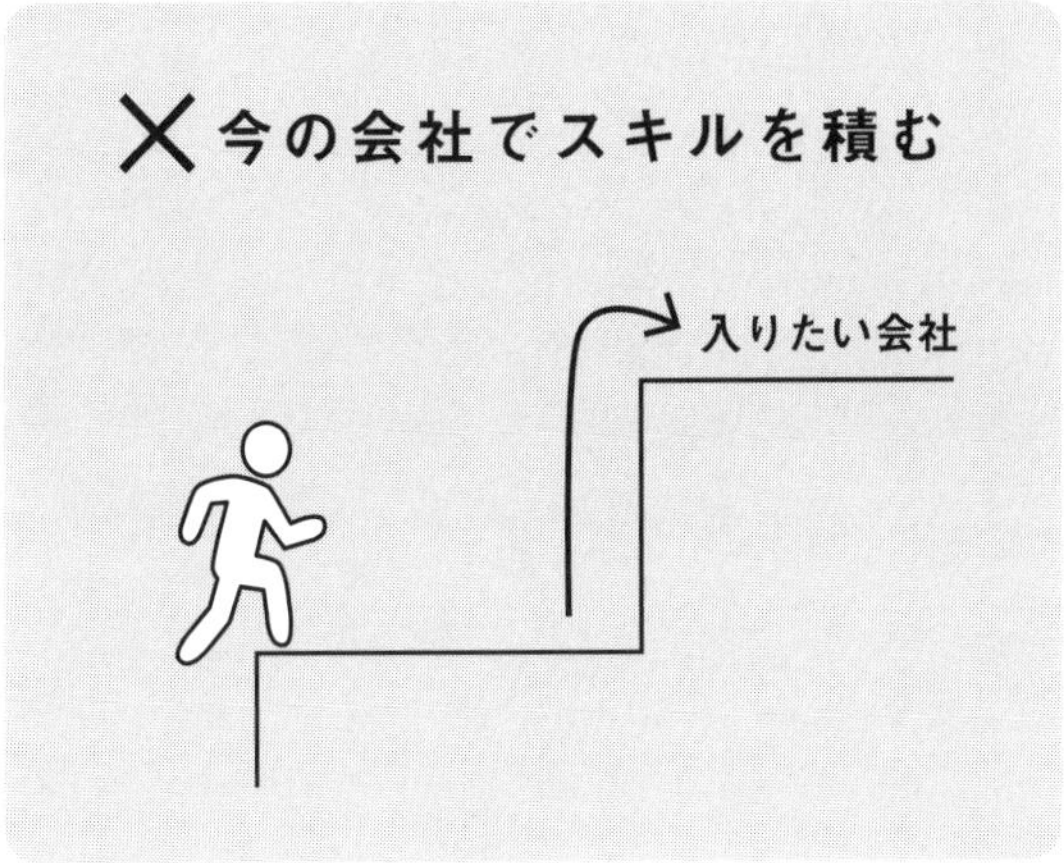

配になる人もいるかもしれません。僕も、必要以上に転職を繰り返すことは全くおすすめしません。この2つは、定義が明確に違います。

◎わらしべ転職：ステップを踏む「目的」がある

×ダメな転職：同じ目的の転職を、「2回以上」繰り返す

避けるべきは「同じ目的の転職を、2回以上繰り返す」こと。そのために、1回1回の転職に対して、「何のためか」をはっきりと意識することが重要なのです。

僕の例でいえば、スバルのあと、仮にトヨタ自動車に転職していたら、単なるジョブホッピングになっていた可能性が高いです。なぜなら、松田電機時代に希望していた「上流工程の仕事をしたい」という当初の目的は、スバルで果たせているからです。

またPwC→デロイトの転職は、同じコンサルティング業界で、仕事の内容も変わっていないため、必要なかったという見方もできます。ではなぜ転職したかというと、前職の仕事内容をそのまま生かすことで、年収が上がったからなのですが……。

僕自身は後悔していませんが、これを成功と考えるか失敗と考えるかはそれぞれの価値判断になると思います。

14

ステップの踏み方①

難関企業社員の「前職」を狙う

入りたい会社に直接入るのが難しい場合、今の会社にい続けるよりも1回転職をして「ステップ」を踏むといいとお伝えしました。

一番狙い目なのが、志望企業で働いている人の「前職」を調べることです。

仮にあなたがアマゾンに入社したいけど、実績がなくて今働いている会社から直接は転職できない場合。調べてみるといいのが、「アマゾン社員の前職」です。「アマゾンに転職した人がいる会社」を探してみるのが一番早いでしょう。

「前職」には無数の選択肢があるので、転職エージェントに聞いてみるのがいいと思いますが（第3章を参照）いくつかパターンを挙げておきます。

・同じ業界で「大企業」に行く

例えば大手コンサルティング・ファームの場合、出身企業は実にさまざまですが、あえて共通点を見つけるなら、**「大企業出身者」**の人が多いのは事実です。理由は、大手コンサルティング・ファームのクライアントが大企業だからです。

僕の場合は結果論なので、「今振り返ってみれば」ということでしかない（当時の僕が、スバルをステップと考えていたわけではない）のですが、「松田電機→ＰｗＣ」というキャリアを歩むことは、現実的に難しかったと思います。「松田電機→スバル→ＰｗＣ」とスバルを挟んだことで、ＰｗＣへの転職が有利になったと考えています。

僕の場合はコンサルティング業界でしたが、ジョブチェンジする場合に「大企業に在籍していた」という経歴が次の企業で生かせることは確かだと思います。

・「中小企業」「無名企業」でいいから入りたい業界に潜り込む

僕がもし最初からコンサルティング・ファームを目指していた場合、もうひとつ考えられた選択肢が「中小のコンサルティング会社」に入ってステップを踏むパターンです。コンサルティング業界は、グローバルなファームでも、中小企業でも、クライアントに提供する内容や価値は基本的に同じ。一度自動車業界→コンサルティング業界とステップを踏んで、そこから大手に行くというやり方は有効だと思います。

ＩＴ業界の場合、調べてみると外資系企業で働いている人のなかには、その前に日系企業で働いた経験を持つ人も存在します。**業界の人だけが知っている隠れた優良企業は、スキルを積むための転職先としては超狙い目**です。

実際、「有名ではないけれども、ＧＡＦＡにたくさん人材を輩出している会社」「業界の人から、ここの若手が欲しいと信頼されている会社」があります。僕の知り合いでも、実際に日系企業→ＧＡＦＡというキャリアを歩んでいる人がいます。

・「卒業生」の評判がいい日系企業

リクルートが象徴的ですが、「元リク」というひと言で信頼を得られるくらい、転職に明らかに有利になる企業は存在します。最近は、サイバーエージェントやディー・エヌ・エーなどのように、若手社員をどんどん抜擢することで有名な会社も増えてきました。同年代のビジネスパーソンとは比べ物にならないくらいの裁量や責任を与えてもらうことができるので、「卒業」してからも評判がいいのは当然です。

ただし、これらの企業はその人気ゆえに、採用基準はどんどん上がっています。「ステップ」を踏むこと自体、難易度が高いという現実も覚えておいてください。

15

ステップの踏み方②

ジョブチェンジを「異動」で試す

職種を変えたい場合、もし今の会社内の「異動」でそれがかなえられるなら、試してみるといいと思います。異動はいわば「ステップ0・5」。キャリアや年収の階段がいっきに上がるわけではありませんが、未経験だった仕事を「経験」したうえで、次の転職に備えることができます。

同じ会社なのでこれまでの社内での働きぶりを知っておいてもらえて、仕事もしやすい。職場の環境変化による負担も軽減することができます。

また、ジョブチェンジは「憧れていたけど、いざ働いてみたら思っていたのと違った……」というミスマッチのリスクもあります。その点、今いる会社内での異動であれば、最悪の場合「すみません、やっぱり新しい仕事は向いていませんでした！」と謝れば取り返しはつきます。未経験の職種に転職するよりも、かなりリスクは少なくてすむでしょう。

「年収を下げてでも職種を変えて転職したい！」と思い詰める前に、一度冷静になって社内を見回してみるのもいいと思います。

僕の場合、もしスバル内で「経営企画部門」などに異動ができたら、コンサルティング業界への道がもっとラクだったかもしれません（その可能性はなさそうだったので、転職で正面突破することになりましたが）。

正直、僕のパターンのように劇的な職種の変更は無理かもしれませんが

・SE→プロジェクト・マネジャー
・営業→マーケティング
・開発→商品企画

というような隣接する職種であれば、希望が通りやすいかもしれません。

「ステップ0.5」で入りたい会社に近づく

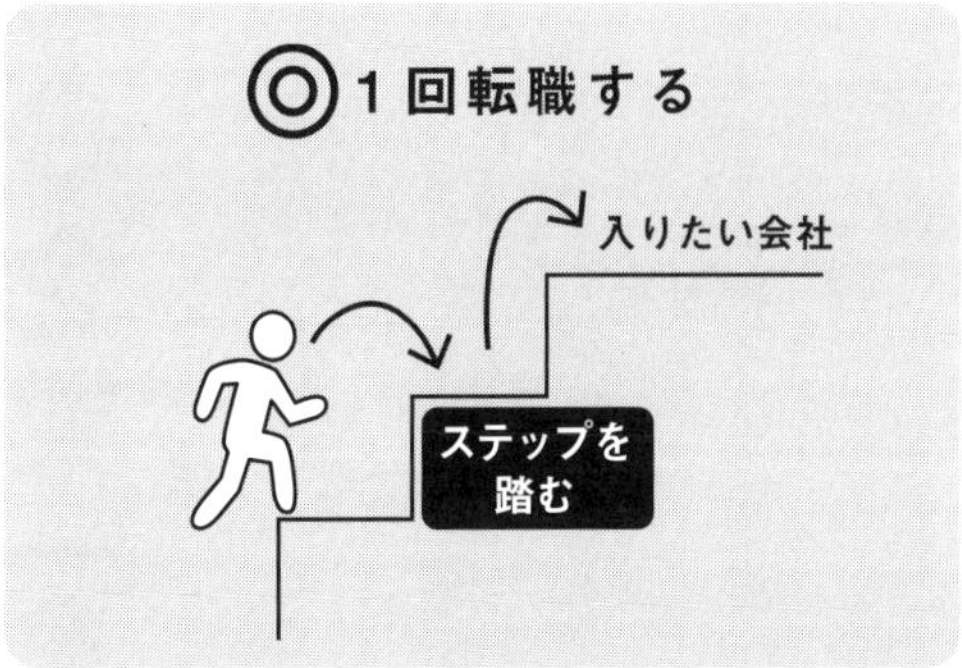

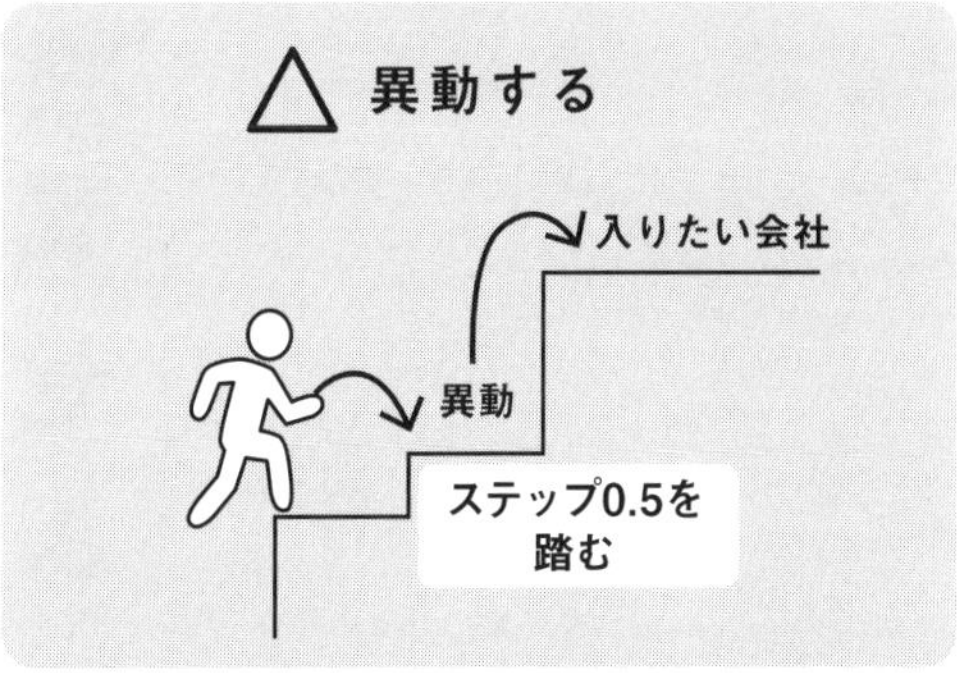

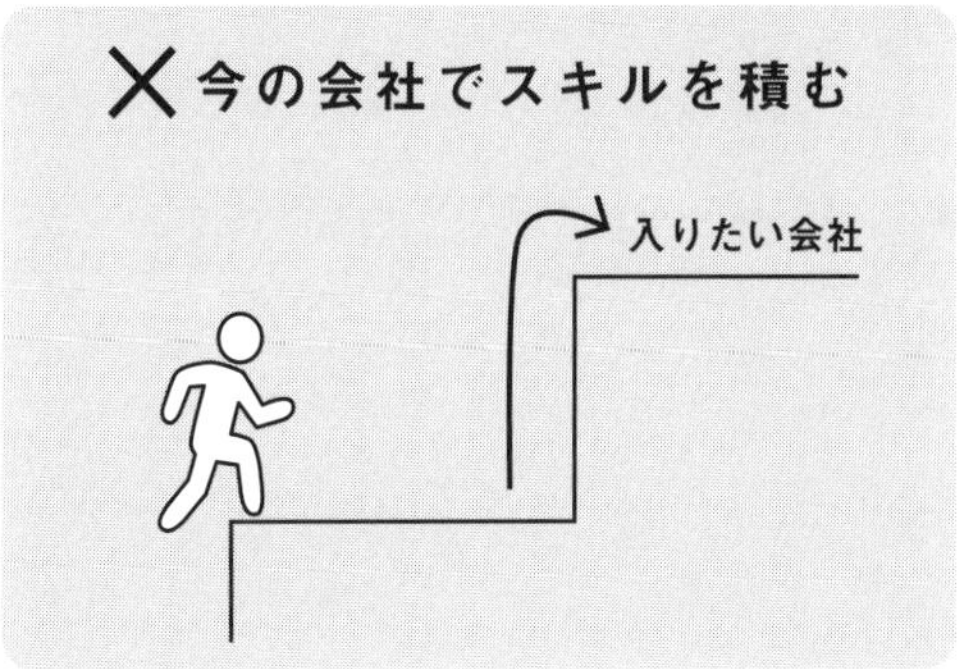

16

受けても意味がない「NG企業」を排除せよ

本書でお伝えしている「わらしべ転職」は、ほとんどの会社で有効です。しかし、唯一「中途採用をしていない会社」には、残念ながら通用しません。特に日本企業の場合、いくら僕らが行きたいと願っても、新卒以外で入るチャンスがほとんどない会社も存在しています。「転職市場の波待ち」をしても意味がない、時間のムダになるということです。残念なことですが、事実なので書いておきます。

さらに、「中途採用はしているが選ばないほうがいい会社」も存在します。知っておいて損はないので、参考にしてください。

・日本の財閥系、伝統的な企業

創業が古く、**伝統的な企業や財閥系（三井、三菱、住友）で、しかもグループ内でも特に主力の企業**は中途採用をほぼ行っていないか、人数が相当絞られています。

さらに、中途採用自体は行っているものの年齢や転職回数など「厳しい条件付き」というパターンもあるようです。

加えて、せっかく中途採用で入社しても、会社のカルチャー的に中途組は実力を発揮しづらい可能性もあります。

・年収が高くても「仕組み」で勝っている会社

会社の「ビジネスモデル」や業務の「仕組み化」が圧倒的に優れている会社も、僕は転職先としてはあまりおすすめできません。こうした会社は一見「いい転職先」に見えます。たいてい業界で抜群の競争優位性を保っており、業績もよく、年収も1000万円、2000万円を超えるなど、同業他社に比べて圧倒的に高い。

問題なのはその仕事内容です。社内には厳格なルールとマニュアルがあり、社員は分刻みのスケジュールで徹底的に管理される。個人の「裁量」が認められず「工夫の余地」はない。仕組みが徹底されている会社ほど、こうした労働環境であることは多いです。確かに、「マニュアル通りに業務をこなすこと」は得意になるかもしれません。でも、それだけです。**優れた「歯車」になるだけで、自分自身の実績が積み上がらない。**結果的に、その後の転職は、かなり厳しくなると思います。

・有名企業だが、やりたい仕事ではない

「有名企業だから」という理由だけで転職するのも危険です。

「どの会社に入るか」はもちろん超重要なポイントですが、転職を前提にした場合、**「その会社で何をやるのか」は次につながるのでより重要**です。入社する前に「どんな仕事をするのか」を詳細に調べておく必要があります。

僕の場合、2回目の転職で大手の外資系ＩＴ企業から内定を頂きましたが、お断りした理由がこれでした。年収も高く、ブランド力もある会社だったのですが、仕事内容が「設備の調達企画」。僕がやりたいのは「プロジェクトの仕事」だったのでお断りしました。

そもそも中途採用をしているか、受けてもいい会社かを見極めるため、僕は**口コミサイト「オープンワーク」**（https://www.vorkers.com/）をかなりの頻度でチェックしています。自分が在籍していた会社に関する投稿を見る限り、その内容はかなり信憑性が高いと思います。

口コミサイトには「組織体制・企業文化」「入社理由と入社後ギャップ」など、項目別の情報がかなり詳細に書かれていますし、「部長職以上は生え抜きじゃないとなれない」とか「中途組でも大きなプロジェクトを任せてくれる社風」など、リアルな内情について書かれていることも多いので、気になっている会社や業界に関する投稿を一度覗いてみるといいと思います。自分の経歴と口コミを入力することで、無料で見ることができます。

転職後の出世の可否については、**役員の経歴**を確認する方法もあります。上場企業であれば取締役や執行役員の略歴が公開されていることも多いです。この情報は意外と有益で、「役員になっているのは新卒組の生え抜き社員だけ」だとわかれば、転職組の出世は一定のポジションで止まる可能性が極めて高くなります。

転職vs起業vs副業どれが最強か？

2021年の8月、僕はコンサルティング・ファームを退職し、独立・起業しました。その理由を含め、「転職」「起業」「副業」それぞれのメリット、デメリットをまとめておきます。

先に結論を書くと、基本的には**「転職するのが最もコスパがいい」**。これが答えです。

サラリーマンとして最小のリスクで、やりたい仕事をやり、年収を最大化したい。そういう人には、迷わず転職をおすすめします。本書もその前提で書かれています。

ただしこの結論には**「年収1500万円くらいまでを望むなら」**という条件が付いています。僕が起業した理由のひとつは、この年収の天井を破ってみたいと思ったからです。

どんな業界・企業に行こうとサラリーマンの給与テーブルで、年収2000万円を超えるのは、ほぼ難しい。それには起業して、経営者側に回るしかありません。やりたいことをもっと純粋に突き詰めたい、貪欲に年収を上げたい。あるいは同じ年収分をもっと短時間で稼ぎたい。そうした強い欲求があるなら、起業してみてもいいと僕は思います。

起業すれば、雇われる立場ではないのでワークライフバランス、働く相手も自由に選べます。一方で、**起業はサラリーマン時代以上に「個人が稼ぐ利益」が成功に直結する**シビアな世界。「会社員時代に自分がクライアントから得ていた月額を、新しい会社でも稼げるか？」もしこの問いに「ＹＥＳ」と答えられるなら、ぜひチャレンジしてみてください。

最後に、よく聞かれる「副業」について。もちろん、転職せず今の会社に勤務しながら、副業でやりたいことをやり、収入を増やすという道もあります。ただ、これまで自分一人で商売をした経験がない人だと結果が出るまでに時間がかかりますし、うまくいかないこともある。そういう意味では全員にとって「コスパがいい選択肢」ではないことも知っておいてください。

会社選びの5カ条

・中途採用には「受かりやすいタイミング」がある
・会社を選ぶとき「今の自分」を基準にしない
・持たざる者は「大量採用」を狙え
・一発逆転しなくていい。「ステップ」を踏め
・転職では攻略できない「NG企業」は存在する

第1部

転職活動編

第2章

書類選考・面接

成果より「思考のプロセス」を語れ

転職の書類選考・面接は「自分の仕事の成果を伝える場」――そう思っていないでしょうか。残念ながらこの考え方こそが、「選考に落ちる」原因になっていると僕は感じています。

こうした考え方の人は、数字で自分の成果を伝えることが一番だと思っているので、「半期の予算3000万円。達成率120%でした」というような書き方、伝え方をします。もちろん、未達より、達成しているほうがいいのは明らかです。しかしこの伝え方では、「一方的に言いたいことを押し付けてくる人」としか思ってもらえないし、結果が中途半端であれば、企業側の目に止まりません。選考する側が知りたいのは、「あなたが今の会社ですごい人か」ではない。「転職したあとで、会社が求めている目標に対して成果が出せる人か」なのです。

さらにいえば「今ちょっと足りない部分があっても、転職したあとに活躍してくれさえすれば、それでいい。だから、活躍できる根拠を教えて欲しい」。これが、企業側の本音なのです。

では、何を伝えればいいか。**その答えは「思考のプロセス」**です。**自分がどんなふうに考え、どう工夫し、何をやったか。**その詳細を、わかりやすく伝えられる人が採用されます。なぜなら、成果は「その人だから出せたのか」、あるいは「誰でもできることをたまたまその人がやったのか」は、プロセスを通してしか判断できないからです。

でも、巷の転職本にだって「企業側のニーズをくみ取れ」と書いてありますよね。誰もがそのことを「概念としては」知っているのに、具体的なノウハウに落とし込めず、失敗しています。そこでこの章では、僕の実際の書類・面接の実体験を誰にでも使えるよう、マニュアルにして公開しました。

17

相手のことを徹底的に調べろ

職務経歴書をつくり始める「前」にやるべきこと。それは、第1章で選んだ「入りたい会社（業界）」が求めていることを事前に徹底的に調べ上げることです。「調べる」作業をないがしろにして、自分の実績をどう書くかにばかり注力しても、書類選考にも面接にも通りません。時間配分としては、初めての転職で「調べる5割：書く5割」くらいがちょうどいいと思います。僕は、職務経歴書は定期的にアップデートをしていたので、2回目、3回目の転職では書類をつくる時間はほぼ必要なく、ほとんどを、「調べる作業」に使っていました。

なお、職務経歴書をつくるときは「自分のキャリアの棚卸しから始めましょう」と書いてある転職本も多いですが、僕はおすすめしません。

そうではなく、**企業側が何を求めているかわかってから、そこに向けて自分のやってきたことを整理し、どう書くか、どう話すかを考える。**この順番が一番効率的で、受かる確率も上がると思います。

理由は、第1章で「現状にとらわれるな」と書いたこととも関係していて、この段階でキャリアの棚卸しをすると、また「今の自分」を基準にした転職に引き戻されてしまいかねないからです。

特に違う職種へジョブチェンジする転職の場合は、リサーチが必須の作業となります。ただし、むやみやたらに会社の分析をしても徒労に終わります。もちろん余力がある人はいくらでも時間をかけてもらっていいのですが、ホームページをただ眺めているだけでは、採用に必要な情報が手に入るとは限りません。

実は、僕らが**最優先でやるべきなのは会社が出している「求人票」をしっかり見ることな**のです。

18

リサーチ①

「求人票100本ノック」で業界に必要な知識がわかる

スバル時代の僕は、恥ずかしながらコンサルティング業界のことはほとんど何も知りませんでした。「プロジェクト単位の仕事ができていいな」「深夜まで働いていて体力が必要そうだな」というような圧倒的な解像度の低さでなんとなく業界をとらえていたのです。もちろんフレームワークの使い方も知らなかったし、応募条件として何が求められているのか、深く考えたことがありませんでした。

そんな僕がやったのが、大手の転職サイト（リクナビNEXT、dodaなど）にコツコツアクセスしては**「コンサルティング業界の求人票にひと通り目を通す」**という方法です。書いてある内容、用語が理解できなくても、100本ノックのようにとにかく次から次へと求人票を見続けると「応募資格・応募条件」に書いてある内容がだいたい同じであることに気づいたのです。100枚くらいを見ると、その業界で求められているスキル・経験や、使えるといいシステム、必要な資格などがかなり詳細に見えてきます。なお、100枚と書いた理由は、たくさん見ないと自分がチェックした求人票が業界で一般的なのか特殊な例なのかが読み取れないからです。

例えばコンサルティング業界であれば、「PMO」「BPR」「ERP」といった用語が頻繁に出てきますし、IT企業であれば、「Python」「PHP」などのプログラミング言語が使えると有利なんだな、とわかります。ここまでやって初めて、応募条件に対して、自分には何が足りないのかが明らかになるのです。

ちなみに、異なる職種・業界への転職だと「応募条件」に書いてある内容がさっぱり理解できない場合があります。次の3つは実際にコンサルティング・ファームの求人票に書いてあった内容ですが、過去に業界で働いたことがなければ、ちんぷんかんぷんだと思います。

・コンサルティング・ファームで、ＳＩプロジェクト（要件定義～運用等）に参画した経験
・事業会社におけるビジネスプロセス全般の改革経験
・企業価値評価業務・各種デューディリジェンス業務

でも、仕事をやったことがないから用語がわからないのはあたり前のこと。ここで**応募するのをやめる必要は全くなく、ネットや本で用語を調べればいいだけ**です。そして、自分がやってきたことと結び付けるか、今からその経験を積み上げるか、どちらかの選択肢をとればいいのです。

なお、「求人票１００本ノック」は、職種・業界を変えない場合にもやっておくことをおすすめします。仮に業界知識は十分にあって、転職先の仕事が今の仕事内容と似ているとしても、「どんな条件の人が優遇されるのか」を把握しておくことが合否に直結するからです。むしろ同じ職種からの転職の場合、「求められている条件を満たしているか」はさらに厳しく見られると思ったほうがいいです。

求人票をたくさん見ると共通点がわかる

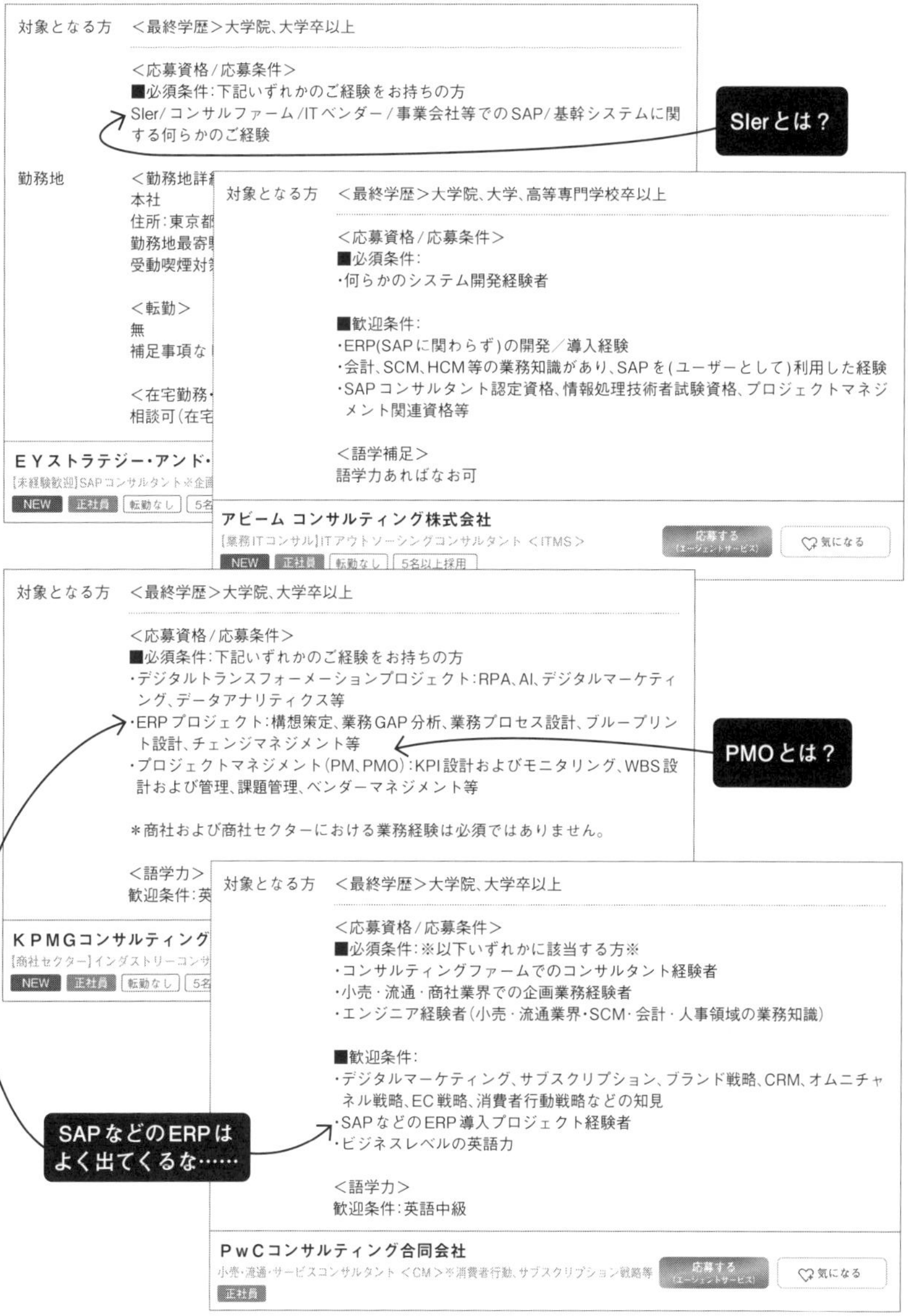
対象となる方　＜最終学歴＞大学院、大学卒以上

＜応募資格／応募条件＞
■必須条件：下記いずれかのご経験をお持ちの方
SIer／コンサルファーム／ITベンダー／事業会社等でのSAP／基幹システムに関する何らかのご経験

勤務地　＜勤務地詳
本社
住所：東京都
勤務地最寄
受動喫煙対

＜転勤＞
無
補足事項な

＜在宅勤務・
相談可（在宅

EYストラテジー・アンド・
【未経験歓迎】SAPコンサルタント※企画
NEW　正社員　転勤なし　5名

対象となる方　＜最終学歴＞大学院、大学、高等専門学校卒以上

＜応募資格／応募条件＞
■必須条件：
・何らかのシステム開発経験者

■歓迎条件：
・ERP（SAPに関わらず）の開発／導入経験
・会計、SCM、HCM等の業務知識があり、SAPを（ユーザーとして）利用した経験
・SAPコンサルタント認定資格、情報処理技術者試験資格、プロジェクトマネジメント関連資格等

＜語学補足＞
語学力あればなお可

アビーム コンサルティング株式会社
【業務ITコンサル】ITアウトソーシングコンサルタント ＜ITMS＞
応募する（エージェントサービス）　気になる
NEW　正社員　転勤なし　5名以上採用

対象となる方　＜最終学歴＞大学院、大学卒以上

＜応募資格／応募条件＞
■必須条件：下記いずれかのご経験をお持ちの方
・デジタルトランスフォーメーションプロジェクト：RPA、AI、デジタルマーケティング、データアナリティクス等
・ERPプロジェクト：構想策定、業務GAP分析、業務プロセス設計、ブループリント設計、チェンジマネジメント等
・プロジェクトマネジメント（PM、PMO）：KPI設計およびモニタリング、WBS設計および管理、課題管理、ベンダーマネジメント等

＊商社および商社セクターにおける業務経験は必須ではありません。

＜語学力＞
歓迎条件：英

KPMGコンサルティング
【商社セクター】インダストリーコンサ
NEW　正社員　転勤なし　5名

対象となる方　＜最終学歴＞大学院、大学卒以上

＜応募資格／応募条件＞
■必須条件：※以下いずれかに該当する方※
・コンサルティングファームでのコンサルタント経験者
・小売・流通・商社業界での企画業務経験者
・エンジニア経験者（小売・流通業界・SCM・会計・人事領域の業務知識）

■歓迎条件：
・デジタルマーケティング、サブスクリプション、ブランド戦略、CRM、オムニチャネル戦略、EC戦略、消費者行動戦略などの知見
・SAPなどのERP導入プロジェクト経験者
・ビジネスレベルの英語力

＜語学力＞
歓迎条件：英語中級

PwCコンサルティング合同会社
小売・流通・サービスコンサルタント ＜CM＞※消費者行動、サブスクリプション戦略等
応募する（エージェントサービス）　気になる
正社員

※「doda」でコンサルティング業界を検索した結果

書類選考・面接

19

リサーチ②

企業側の「募集背景」を知る

求人票を見ればわかることは他にもあります。

受けると決めた会社について絶対にチェックすべきなのが「今回、この会社はなぜ人を募集しているのか」。募集背景を知っておくと、自分が何を書類・面接でＰＲすべきなのかが具体的に決まります。

転職活動をしていて気づいたことなのですが、会社が抱える課題は、複雑に見えて実はほとんど同じところに集約されます。ものすごくざっくりいえば

・売上が伸びない

・コストが下がらない
のいずれか。そして中途採用を行うのは、主に売上を伸ばしたい場合が多いです。

つまり**採用する側の本音としては「売上を拡大したいけれど、人が足りなくてできずに困っている」**状態なのです。

さらに、この困りごとを分類すると、募集の背景は、ほぼ次の3パターンに集約されます。

①「欠員」を補充する
②「事業拡大」で人を増やす
③「新規事業立ち上げ」で経験者を採用する

3つのうちどれなのかを判断するには、「必須条件・歓迎条件・求める人物像」の欄を見ること。「○○部署の○○要員を1名募集」など、前任者が退職した穴埋めだなと予測できる書き方の場合（①）もあれば、「事業拡大に伴い」などと書いて募集がたくさん出ていることも（②）。それぞれ、どんな対策が必要なのかを見ていきます。

①「欠員」を補充する

企業側の目的は「ある人が抜けた穴を埋めること」。ピンポイントで即戦力が求められているので、このパターンの求人であれば「自分が入ることで今まで通り業務が回る」とアピールすることが大事です。

②「事業拡大」で人を増やす

第1章で紹介した「大量採用」のパターン。これがまさに、僕らが波に乗るべきタイミングです。「未経験でも可」「第二新卒でも可」のこともあり、同じ事業でスタッフからマネジャー層まで幅広く求人が出ていて、入社時期もある程度融通がきく場合が多いです。

この求人票を見つけたら、多少応募条件に足りなくても「自分には無理だ」と勝手に決めつけず、まずは書類を出してみること。これが超重要なポイントです。企業側としては「とにかく人が欲しい」が本音なので、書類選考の通過率は他の2パターンに比べかなり高いと思います。

③「新規事業立ち上げ」で経験者を採用する

新規事業を立ち上げた（これから立ち上げる）けれど、社内にはその知識や経験を持った人がいない場合の求人です。企業側としては「人がいないと新しいことが始められない」状況なので、求める条件に合っているなら、他の部分は多少目をつぶって採用してもらえる可能性があります。もしスキル・経験が一致するなら確実に応募すべきです。

そして職務経歴書や面接では、企業側が「必要としているスキル」に特化して、自分がどう貢献できるかを伝えたほうがいいです。反対に、新規事業に関係しない自分のスキル・経験をいくら語っても、相手には全く響かないので注意してください。

20

書類を出すのは「受かったら入社する企業」だけ

業界と会社についてちゃんと調べる段階が終わったら、それを前提に職務経歴書をつくっていきます。まず、大前提として頭に置いて欲しいのが**「書類で落ちるのはあたり前」**という事実です。

僕の転職の「結果」だけを見て「僕は山下さんみたいに優秀ではないので……」といってくる人に「僕の書類選考通過率は2割くらいですよ」というと、「えっ、そんなに落ちるんですか」と驚かれることがあります。

僕は落ちることを特に問題だと思っていなかったので、驚かれることに驚いたのですが（笑）、実際、最初の2回（松田電機↓スバル、スバル↓ＰｗＣ）の転職活動では、10社受けて面接まで進めたのは2～3社でした。

ちなみに僕はほとんどの会社の「応募条件」に書いてある「大学卒業以上」という条件にはあてはまっていません。そのうえでの通過率2～3割は悪くない結果だと思っています。

何回か書類選考に落ちただけで不安になり、第1章の会社選びのやり方もすっかり忘れて「受かりそうな会社」の求人を探してしまう人がいますが、それでは本末転倒です。何度もいいますが落ちることは気にせず、**「受かったら入りたい会社」だけを、厳選して受けてください。**僕自身、デロイトは2回書類選考で落ちて、3度目の正直で内定を勝ち取っています。何度応募してもそれがマイナスにはなりませんので、安心して大丈夫です。

なお、ここで紹介する職務経歴書の書き方は面接に進んだ場合に効いてくる、重要な「伏線」です。小手先の「書類選考だけを通過する」ためのテクニックはほぼ無意味だと僕は思います。

21

職務経歴書①

未経験の壁はスキルの「ひも付け」で突破する

「未経験の職種・業界によく受かりましたね。どうやってＰＲしたの？」

これは僕のキャリアを見た人たちから、一番よく聞かれることです。

巷の転職本には、「職務経歴書をつくるときは、まずは自分のキャリアの棚卸しをしよう」とのアドバイスが書いてあります。しかし**よほどのエリートでない限り、残念ながら「棚卸ししただけで受かる」可能性は低い**と思ったほうがいいです。未経験の業界であればなおさらです。今持っている武器を並べてみたところで、そのままでは、次の転職に生かせないことが多いのです。

「えっ、じゃあもうあきらめるしかないの？」と思ったかもしれませんが、それは間違いです。棚卸ししたときは全くつながりのないように見えたスキル・経験も、見方を変えると武器になることが多いのです。そのために必要なのが、**「ひも付け」**というプロセスです。僕が自動車業界からコンサルティング業界に受かったときには、このテクニックを実践しました。

具体的に説明します。

27歳の僕はスバルという自動車メーカーで、「自動車の先行開発」に携わっていました。そして、コンサルティング業界への転職を希望していました。両者の「業務概要」を並べてみると、次のようになります。残念ながら、共通点は見つかりません。

〈自動車メーカー〉

・自動車開発エンジニア

・車種のフルモデルチェンジにかかわる開発、設計評価業務

〈コンサルティング・ファーム〉

・経営コンサルティング
・クライアントの経営改善、変革支援

この段階で、僕がいくら情熱を注いで職務経歴書をつくっても、「で、なぜ君がコンサルティング業界に？」と思われるのがオチです。

そこで僕がやったのが、仕事内容を細かく分解する**「詳細化」**の作業。「自動車開発エンジニア」とひと言でまとめてしまっていた内容にぐっとフォーカスして、必要なスキルを書き出しました。

〈自動車メーカー〉
・自動車製造の理解
・機械設計（3D　CAD）
・プロジェクト管理
・社内外コミュニケーション
・競合他社分析

・市場動向調査
・製品原価分析

次に、コンサルティング・ファームの業務の詳細化を行います。こちらは経験したことがないので、前述の「求人票100本ノック」をしたり、ネットで「コンサル業務内容」と検索したり、あるいは業界について書いてあるロングセラーの本を読みあさったりしました。すると、「経営コンサルティング」のスキル（一部）は、次のように分解できるとわかってきました。

〈コンサルティング・ファーム〉
・経営分析
・プレゼンテーションスキル
・インタビューテクニック
・プロジェクト管理
・社内外コミュニケーション

・競合他社分析
・市場動向調査

こうして詳細化することで、最初は全く関係ないように見えた「自動車業界」の仕事と「コンサルティング業界」の仕事との共通点が見えてきました。

実際、僕が経験してきた自動車の先行開発は大きな予算が動く大型プロジェクトです。3~5年、あるいはそれ以上の長期計画で、開発を進めます。下請けや関連会社を含め、関係者は何百~何千人単位に及び、高いコミュニケーションスキルも要求されます。予算規模の大きな計画にズレが生じないようにする調整能力も欠かせません。加えて、市場や競合他社の分析もしないといけません。

生かせる部分はたくさんあったのに、僕自身がそれに気づいておらず**「未経験だ」と思い込んでいた**のです。

ここまで来たら、あとはやりたい仕事に生かせる部分を強調しながら、職務経歴書の「業務概要」「自己PR」の欄に書いていきます。

仕事を「詳細化」→「ひも付け」する

今の仕事	やりたい仕事
〈自動車メーカー〉	〈コンサルティング・ファーム〉
・自動車開発エンジニア ・車種のフルモデルチェンジにかかわる開発、設計評価業務	・経営コンサルティング ・クライアントの経営改善、変革支援
↓ ①詳細化	↓ ①詳細化
〈自動車メーカー〉	〈コンサルティング・ファーム〉
・自動車製造の理解 ・機械設計（3D　CAD） ・プロジェクト管理 ・社内外コミュニケーション ・競合他社分析 ・市場動向調査 ・製品原価分析	・経営分析 ・プレゼンテーションスキル ・インタビューテクニック ・プロジェクト管理 ・社内外コミュニケーション ・競合他社分析 ・市場動向調査

②ひも付け

共通点が見つかった！

22

職務経歴書②

一貫性は「職種」ではなく「スキル」で通す

「未経験の壁」と似ている問題として「キャリアの一貫性をどうつくったらいいですか?」という質問もよくもらいます。確かに、巷の転職本では、職務経歴書をつくるときに、1本の軸を通すように指導しているものも多いようです。

しかし僕は、職種や業界をそろえる**「表面的な一貫性」は必要ない**と考えています。「今が営業職だから、次は業界を変えたとしても、また営業職を受けよう」という考え方は、かえってキャリアの選択肢を減らす可能性があり、本当にやりたい仕事に思い切ってジョブチェンジすることができなくなってしまいます。

本質的に重要なのは、ここまで説明してきた「スキル・経験のひも付け」。一見全く違う仕事を志望していたとしても、本人のなかでそれがしっかりつながっていて、言語化できていれば、企業側には受け入れてもらえるはずです。むしろ**一貫性がないように見える「今の会社と転職先とのつながり」を志望する会社にしっかり伝えること**。それが、職務経歴書の役割だと考えてください。

ちなみに、「異業種からの転職」は問答無用で難しいと思われがちですが、僕は違う意見です。実は企業側から「甘く見てもらえる」メリットも大いにあると思います。

僕の場合、1回目の転職は同業種で「松田電機（自動車部品会社）→スバル（自動車メーカー）」、2回目の転職は異業種で「スバル（自動車メーカー）→ＰｗＣ（コンサルティング・ファーム）」でした。

今振り返ると、1回目の転職のほうが「厳しい目で見られているな」と感じました。同じ業界であるがゆえに、相手もこちらの仕事を熟知している。そのうえ自動車業界はピラミッド構造なので、下から上へ行く心理的なハードルもありました。一方で2回目の転職は「違う業界の人」という免罪符のおかげで、他の人との差別化が不要でした。製造業のことを書く、話すだけで、アドバンテージになっていると感じました。

志望企業

〈コンサルティング・ファーム〉

・経営分析
・プレゼンテーションスキル
・インタビューテクニック
・プロジェクト管理
・社内外コミュニケーション
・競合他社分析
・市場動向調査
……

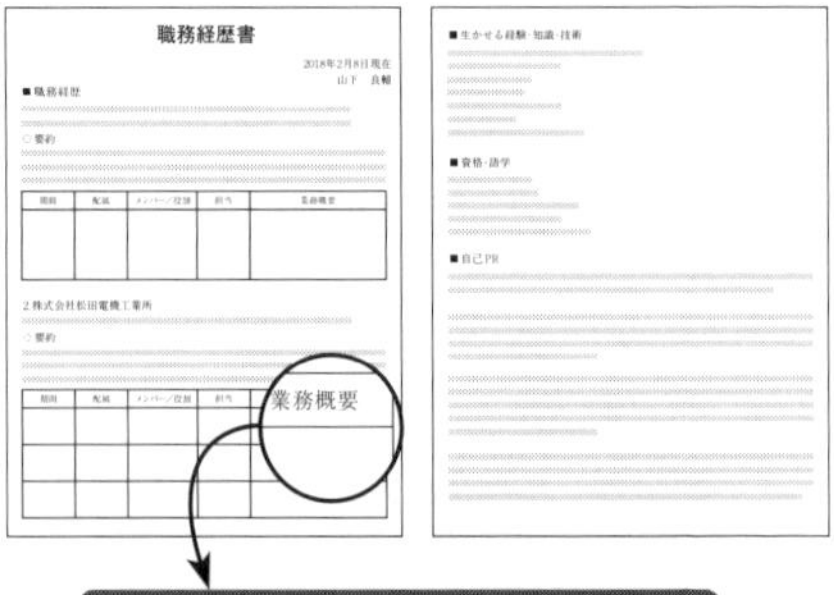

コンサルティング・ファームに応募するとき

・プロジェクト計画立案、タスク管理
・プロジェクト人数：３人
・予算：○○○○万円

志望企業

〈自動車メーカー〉

・自動車製造の理解
・機械設計（３D　CAD）
・プロジェクト管理
・社内外コミュニケーション
・競合他社分析
・市場動向調査
・製品原価分析
……

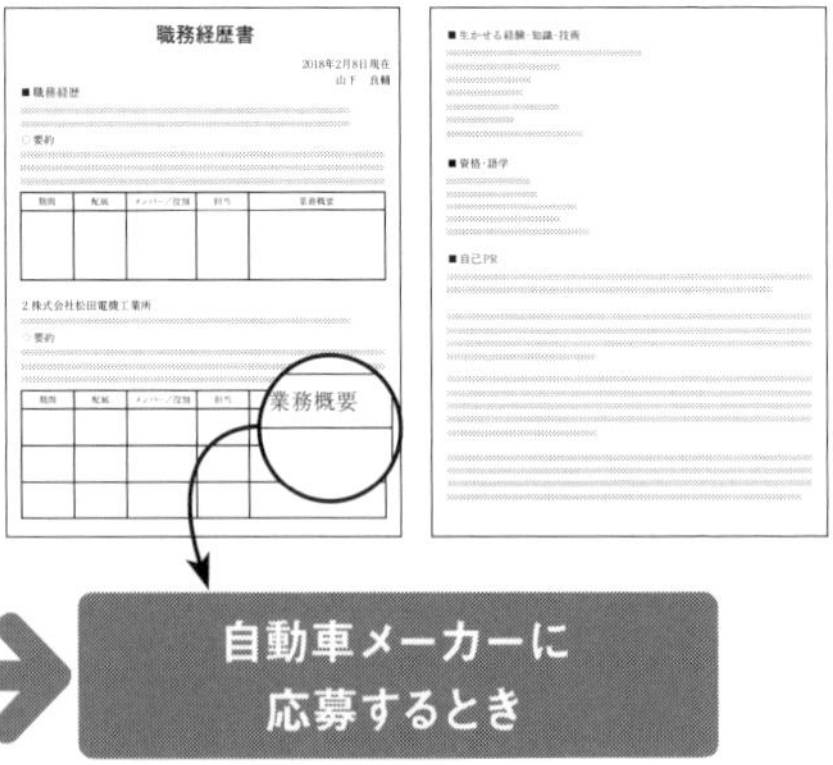

自動車メーカーに応募するとき

・新製品の製造準備（生産ライン設計、製品企画、コスト削減）

志望企業により「業務概要」の書き方を変える

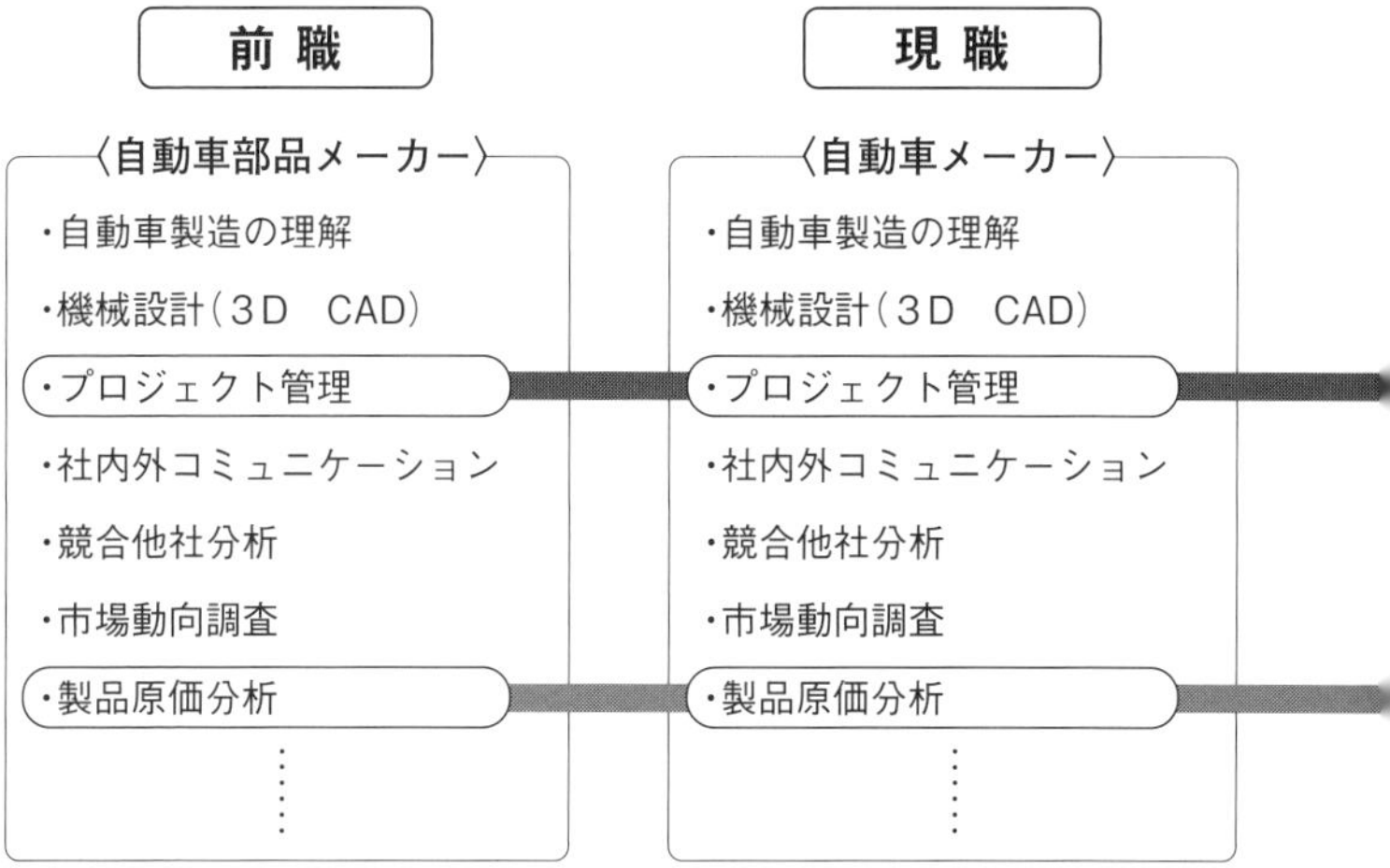

仕事を「詳細化」したら
そのうちどのスキルを中心に「業務概要」欄に書くかを決める

23

職務経歴書③

自己PRには「STAR」を入れる

受かるために大切なのは、成果ではなく**思考プロセス＝「あなただけが知っている仕事の工夫と思考の過程」**だと書きました。

でも自分の仕事は普通なので書けることがない……という悩みをよく聞きます。勘違いしている人が多いのですが、大事なのは仕事内容のドラマティックさではなく、必要な要素が抜け漏れなく入っていること。「何を書いたらいいのかわからない」という場合には、**「STAR」**という便利なフレームワークをおすすめします。

STARとはもともと、企業の人事が面接で志望者の経歴をチェックするときに使うもの。選考者側が使っている型を利用することで、相手が求めているものを不足なく伝えることができます。

＜STAR＞
・Situation：状況、環境、背景、目標、きっかけ、チーム体制など
・Task：課題、職務、任務、役割、難易度など
・Action：具体的な行動、その理由、周囲からの助言、創意工夫、軌道修正など
・Result：結果、成果、学んだこと、今振り返って改善すべきことなど

STARの4つの要素のなかで、**特に重要なのがアクションの「A」**です。「Situation（どんな状況だったのか）」「Task（どんな課題・役割を担ったのか）」は会社から与えられていることが多く、正直、ここに僕らの工夫や努力はなかなか関与できません。

そして採用する側は「Result（どんな結果・成果を導き出したか）」そのものではなく、成果に対して「あなたは」どんな行動を取ったのかを知りたいからです。

次ページの例が、僕の松田電機時代の自己PRを「STAR」でまとめたものです。

僕は**「A」にあたる部分には、あえて自分が大変だったこと、苦労したエピソードを入れる**ようにしていました。あとの「面接で何を話すか」の部分ともかかわってきますが、苦労をどう克服したか、大変な場面でどんな工夫をしたかにはその人の「仕事のやり方」が表れると思うからです。

Situation
(どんな状況だったのか)
状況、環境、背景、目標、きっかけ、チーム体制など

Task
(どんな課題・役割を担ったのか)
課題、職務、任務、役割、難易度など

Action
(具体的にどんな行動を取って)
具体的な行動、その理由、周囲からの助言、創意工夫、軌道修正など

Result
(どんな結果・成果を導き出したか)
結果、成果、学んだこと、今振り返って改善すべきことなど

自己PRには「STAR」を入れる

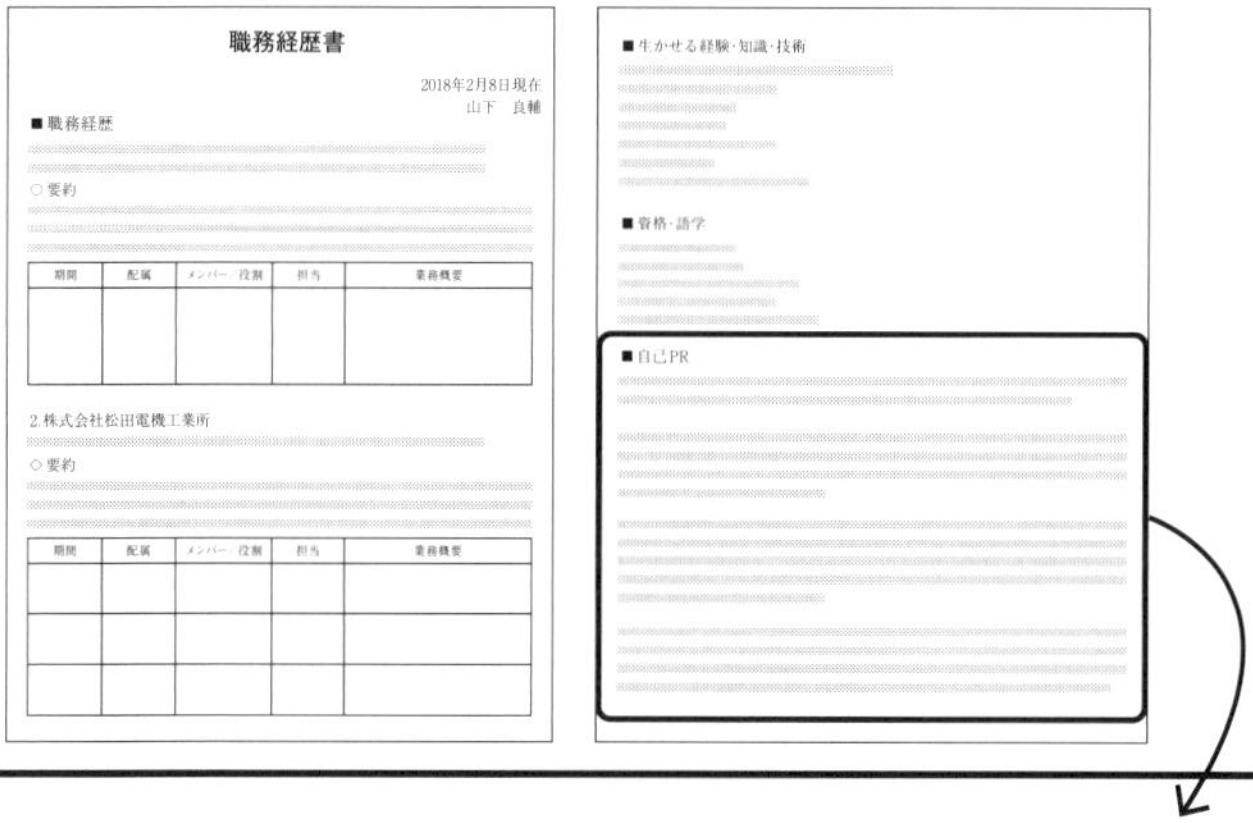

海外法人の立ち上げを約2年半担当。プロジェクト開始時はメンバーとして参画したが1年経過後にマネジャーへ昇格。生産、品質、技術部門で現地スタッフ20名以上をマネジメント。

会社として初の海外工場の立ち上げで1年以内に量産稼働することがプロジェクトの目標。
目標実現に向けて、工場建設の管理を行いながら並行して現地の営業先、仕入れ先とサプライチェーンをゼロから構築することが自身の役割。社内に経験者がいないため全て自分で調べてトライ&エラーを行いながら進めた。

プロジェクト時に一番苦労した点は建設管理。建設完了までは日本から出張ベースで管理を行う予定だったが、仕様確認などのコミュニケーション課題によるスケジュール遅延が多く顧客から心配する声が上がっていた。そのため予定より3カ月程度早く現地に赴任。工場建設現場の横に作業場所としてプレハブを設置し、建設業者とのスケジュールや仕様の詳細確認などタイムリーにコミュニケーションをとれるようにすることで遅延を最小限に抑えることに成功。

結果として、目標としていたプロジェクト開始から1年以内の現地生産開始を実現。心配していた顧客からも評価を頂き、その後も順調に事業を成長させることができた。手遅れになる前に早期赴任を行い、大問題になることが未然に防げたのはよかったが、スケジュールの遅れを検知した時点でもっと早く対策を講じることも可能だったため、以降のPJでは管理の重要性を意識してスケジュール管理を徹底している。

24

職務経歴書④

数字は相手が想像しやすい「単位」で書く

職務経歴書に客観性を持たせるため、「数字」を入れることは意識している人が多いと思います。しかし、数字を絶対視するのは危険です。数字を「入れる」だけではダメで、その数字のすごさを、企業側に「実感してもらう」ことが重要なのです。「実感してもらう」とはどういうことか。僕が1社目に入社した松田電機からスバルへの転職を例にして、説明します。

僕は松田電機時代に工場の生産ラインのムダを見直し、コスト削減を実現。これを職務経歴書に記載することにしました。仮に、僕の削減した金額が1500万円だとします（※仮の数字です）。

１５００万円は、僕の年収額として考えたら自分がもらっている年収の６倍の額。松田電機の年間の売上から考えても、すごい成果です。しかし、肝心のPRする相手であるスバルにとって、１５００万円は「大きい」とは到底いえない数字でした。

そこで僕は「単位を変換する」というテクニックを使うことにしました。１５００万円は年間の削減額でしたが、これを**「1台あたり100円削減」と言い換える**ことにしたのです。

1台単位で書いておけば、採用担当者が書類を読みながら、「あっ、うちの場合だと、トータルで○○億円のコスト削減になるな」と勝手に計算してくれます。

この「最小単位に変換する」作戦は、コスト削減以外にもいろいろな場面で使えます。例えばあなたがチームリーダーで、メンバーの指導をした結果、営業成績が改善した場合。「3人をマネジメントして、合計3億円の売上、達成率が１２０％でした」よりも、**「一人あたりの売上を30％増加させました」と書いたほうが、伝わります。**

25

職務経歴書⑤

営業ではなくても「数字の実績」はつくれる

世の中には、歩合制営業のように、成果が完全に「数字」だけで評価される仕事がある一方で、そうではない職種もたくさんあります。僕がいた自動車部品と自動車の製造現場もそうでした。チームで仕事をしていて、しかも売上に直結する部署ではなかったので、「僕が個人でいくら稼ぎました」という結果を職務経歴書に直接記載することはできず……どうしたらいいか悩みました。

似たような境遇の人に僕がおすすめしているのが、「効率化」、つまりコストを減らすことによる利益への貢献です。特に意識するといいのが**「金銭的なコスト」「時間的なコスト」**の2つを削減した実績です。

「金銭的なコスト」の例でいうと、僕はスバルで「これまで別々の部署で行っていた同じような作業を一本化して、仕事のムダを省く」という改善を行いました。結果、二重に発生していた材料のコストと、配置する人員が半分になりました。これは2つの部署と横断的にやりとりしていた僕だからこそ気づけたムダでした。

もし金銭的なコスト削減が難しい場合でも、「時間的なコスト」については誰でも改善を提案できると思います。例えば、あなたが所属する総務部で、単純な事務作業に就業時間の2割を取られていたとします。もし、この事務作業をあなたの工夫で効率化することができ、費やしていた時間が半分になれば、その時点で利益が1割上がる計算になります。

仮に営業利益率が10%の会社で、コストを100万円削減することは、利益ベースでいえば1000万円の売上をあげたのと同じインパクトがあります。

最初は小さな範囲でのちょっとした改善だとしても、こうした効率化を同じ部署や社内でも共有して横展開すれば、さらに大きなインパクトを与えられます。職務経歴書に記載する数字の実績としては、十分通用します。

26

面接は「自分をPRする場」ではない

書類の通過率は2～3割だった僕ですが、面接の通過率は8割以上です。面接まで進めば（最初から企業側が求めているスキル・経験に大きなズレがあった場合以外は）ほとんど落とされません。

自分なりに分析すると、成功の理由は**「徹底的に相手に合わせているから」**だと思います。

そもそも、多くの人が面接の定義を間違えています。**面接とは「自分の実績をPRする」場ではありません。「企業側が求めている内容に沿って、答えを用意する」場**なのです。だから、話し方がうまいとか、口ベタだとかもあまり関係ありません。

といっても、僕が「相手に合わせている人は少数派だったのか」と気づいたのはデロイトを退職後独立・起業して、面接する側になってから。既に数百人と面接しましたが、8割の人がこちらは特に聞いていない「自分のやってきたこと」を熱心に語ってしまっています。「パンが欲しい」と明確にいわれているのに、「白いご飯はおいしいですよ！　卵かけご飯にもアレンジできます。おにぎりはどうですか？」みたいな面接をしてしまっている人が、とても多いのです。

もうひとつ、僕らが忘れてはいけないのが「人と同じことをいっても受からない」ということです。職務経歴書で数字を記載するのは大事なのですが、それを面接で繰り返しても、受かりません。これが、第2章の冒頭で「思考のプロセスを語れ」と書いた理由です。

人の採用は、企業にとっては投資です。投資に合ったリターンがなければいけません。そういう状況で例えば「東京大学出身者」と「高卒の僕」が受けに来ている。**スペックでいえば明らかに負けている状況で、面接官に「他の人ではなく自分を通す理由」をつくり出す必要がある**のです。

27

面接テクニック①

「質問を誘うエピソード」を話す

繰り返しますが面接とは「自分の実績をPRする」場ではなく、「相手が求めている内容に沿って、答えを用意する」場です。

事前にガチガチに準備した内容を暗記して話すのはよくありません。それをしている限り、相手が求めていることを聞き出すことはできないし、ぎこちない「一問一答」が続いて話が盛り上がりません。

ただし「相手に合わせる」＝「行き当たりばったりで、相手のペースに巻き込まれる」こととは違います。

・相手の質問に答える

・自分のペースで話す

この2つは両立可能なのです。

では、自分のペースに持ち込むにはどうするか。

面接冒頭などの「自己PRしてください」「志望動機は?」など、こちらが話すことをコントロールできる場面で「相手が食いつく話」を用意してみてください。**相手が食いつく話とは「話のなかに語られていない空白があり、その空白について疑問がわいてくる」エピソード**です。

〈空白があるエピソード〉

自動車部品メーカーで生産技術者としてキャリアをスタートし、新製品の生産準備(工程設計、設備調達)の経験を重ねながら、4年間で品質管理、サプライヤー管理まで業務範囲を拡大しました。

(空白)

５年目には海外事業企画部へ異動し、海外工場の工場企画から立ち上げまでのプロジェクトマネジメントを担当。また、同時に現地法人の品質管理体制の構築やサプライチェーン構築を担当。現地法人出向時は、ファクトリーマネジャーとして生産部門全般の業務を担当しました。

このように、語られている話がそのままだとつながらず、空白が存在する。しかもその間に空白があればあるほど、聞いた相手は「なぜそんなことをしたの？」「それってどういうこと？　詳しく教えて」と必ず質問してきます。「スルー」されることは皆無に近いので、事前に自分が用意したＰＲポイントを話すのです。

つまり「相手の質問に答えている」形を取りながら、実は僕がいいたいことに持ち込むわけです。この方法は「相手が本当に聞きたいことは何か」を知るためにも有効です。

使うエピソードは、何も「海外赴任」のような派手・大規模なものである必要はありません。自分で考えて行動したことなら、ネタの内容はどんなに小さいことでもいいのです。

特に大事なのは、**「振り返って楽しかった仕事」**につなげるようにすること。「振り返って楽しかった仕事」は、「ラクだった仕事」とは違います。むしろ、壁にぶち当たったり、苦労や課題が盛りだくさんだったはず。こういう話のほうが、自然に盛り上がって、相手に刺さります。

反対に、自慢話は聞いている相手が苦痛なうえに「すごいですね」で終わってしまうのでやめておいたほうが無難です。

28

面接テクニック②

相手の「課題」をさりげなく聞き出す

面接で一方的に話してはいけない。よく「面接のマニュアル」などに書いてあることですが、それはなぜなのでしょうか。この答えを単に「盛り上がらないから」「棒読みはダメ」などと表面的にとらえていると、内定はもらえません。

面接で最も重要なのは**「相手の課題に対して、自分を雇えばそれを解決できますよ」**と伝えることです。つまり相手の課題、困りごとを聞き出せた時点で、その面接は9割成功なのです。

もちろん、課題をリサーチするため、事前に求人票を読み込むことも大切です。しかし本当の現場の課題の詳細は、面接で直接聞き出すしかありません。そしてそれは対話することでしか、見えてこないのです。

対話をするときのポイントは、面接官に「刺さっている」「刺さっていない」をその場で判断して、深掘りしたり、逆にその話題を終わりにしたりすることです。

例を挙げます。

〈対話を深掘りする場合〉

山下「今の僕が勤務している工場の現場は作業者の生産性がそのままコストに跳ね返ってきます。そのため、僕は作業者の人が疲れない仕組みを導入しました。御社でも、そうした工夫はされていますか?」**【刺さるのかの確認】**

面接官「実は、当社でも現場の作業者のモチベーションアップが課題なんですよ。山下さんが入社されたら、できることはありそうですか?」**【課題がわかった!】**

山下「はい、今の仕事でやってきたことが生かせると思います。例えば……(具体例を述べる)」

〈相手に刺さっていない場合〉

山下「今の僕が勤務している工場の現場は作業者の生産性がそのままコストに跳ね返ってきます。そのため、僕は作業者の人が疲れない仕組みを導入しました。御社でも、そうした工夫はされていますか？」**【刺さるのかの確認】**

面接官「うちの会社はロボットを導入しているので、あまりそこは問題になっていないですね」**【刺さっていない！】**

山下「自動化や効率化を推進されてるんですね。僕は今の部署で、２Ｄで設計していた図面を３Ｄに変えたことで、生産性が２割アップしました。そうした取り組みは、御社でも生かせるでしょうか？」

面接官「３Ｄ化はまだできていないんですよ。その周辺の専門知識がある人材がかなり不足していて、手が回っていないのが実情です」**【課題がわかった！】**

山下「そうですか。僕が今の仕事でやってきたことが生かせると思います。例えば……（具体例を述べる）」

この会話のポイントは

「御社の課題は何ですか？」

について、手を替え品を替え、こちらから質問すること。

そうすると相手は、今回の採用の背景になっていることを語ってくれるはず。あとは、それに合わせて「僕はこんなことができます」と答えればいいのです。

この質問は、いわばこちらから「御社はパンとご飯、どちらを召し上がりますか？」と聞いているようなもの。ここで「パン」とわかってから「僕は特製サンドイッチがご用意できますよ」「あんパンもありますす」と話し始めれば、すぐに希望にたどりつけます。いきなり「お赤飯がおいしいですよ！」というミスを防ぐためにも、課題を聞く質問は有効なのです。

29

面接テクニック③

逆質問は「調べてわかること」を聞くな

「それでは最後に、何か質問はありますか？」

面接の最後に許される「逆質問」は、僕らが自分のペースで話せる最後のチャンス。にもかかわらず、全く生かせていない人が多いので、気をつけてください。よくあるNG質問は次の通りです。

×「御社で活躍しているのはどんな人ですか？」

「だから何？」といわざるを得ない、意味のない質問です。新卒の就活マニュアルには書いてあるかもしれませんが、転職面接の結果には全くプラスになりません。

×「今日の僕の面接、いかがでしたか？」

「次の面接に生かす」以外、あまり意味がない質問です。自分について質問するよりも「先ほどの話で出たあの件ですが……」と、面接官が話したことを深掘りするほうが、相手に好印象を与えることができ、話をさらに深掘りできます。

×「入社したら、どんなスキルが必要ですか？」

調べたらわかることを、わざわざ質問すると、「会社のことを理解していないな」と評価はマイナスになります。

一方、「語学力が必要とのことですが、日本人との会議も全部英語ですか？」など、応募条件に書いてある内容について深掘りするのはＯＫ。次の会話につなげることができます。

さらに、「御社のクライアントの詳細について、教えてください」など、非公開情報について質問し、「その課題を僕が解決できます」という結論に導くことができれば、逆質問の機会を最大限に生かすことができます。

30

面接テクニック④

痛いところを突かれても「盛る」のは禁止

面接で、自分ができないことについて突っ込まれることはよくあると思います。ときには企業側が「圧迫面接」として、あえて突っ込んでくる場面もあるでしょう。

そんなとき、「ちょっとくらい自分の実績を盛って話してもいいかな……」とずるい心が出てくるかもしれません。しかし、その答えは「絶対にNO」。僕は経歴、数字を盛ることだけは、何があってもおすすめしません。

まず、ウソは必ずバレます。そして仮に経歴を盛って入社できたとしても、第2部で紹介する「転職準備」の段階で必ずつまずきます。それは結果的に、キャリアの選択肢を減らす行動だと思います。

では、実績がたいしてない僕らは泣き寝入りするしかないのか。そんなことはありません。ありもしない実績をでっち上げたり、数字をごまかしたりすることなく、面接官の印象をよくするテクニックがあります。

・将来できそうなことを伝える

「○○の経験はありますか?」と聞かれて、その仕事をやったことがなかった場合。ウソをついて「業務内容（過去）」を盛るのはNGですが、**「今の経験をもとに、できそうなこと（未来）」を主張する**のは何の問題もありません。

例えば僕は、あるコンサルティング・ファームの面接で「大人数の前でプレゼンテーションをやったことはありますか?」と質問されたことがあります。

「クライアント様へのプレゼンテーションの経験はありませんが、社内メンバーに作業の概要などを伝える機会は日常的にあります。そのため、ロジカルに、結論から話をすることには慣れております。パワーポイントでの資料づくりについては、現在勉強中です」と答えました。

・少しズラして話す

ＰｗＣの求人票の応募条件欄には、ＴＯＥＩＣの点数がありました（コンサルティング業界だと、８００点以上など高得点を求められることがあります）。しかし、当時の僕はその点数をクリアしていない状態だったため、面接で「英語力が足りていないようだけど……」と突っ込まれたことがあります。

僕は正直にスコアが足りていないことを認めたうえで、「タイでの駐在経験があり、ビジネスで日常会話やメールのやりとりをするレベルであれば、英語で意思疎通が可能です」と答えました。

企業側も、「門前払い」のために求人票に「応募条件」を書いているに過ぎません。そこに満たないからといってスコアを盛るよりも、本当に自分が達成したことを、伝え方を変えてうまくＰＲするほうが、印象はよくなると思います。

足りないことに答えるときは

①「御社が求めているのはこれですよね」の確認

②今、自分ができること

③入社後、できそうなこと

この3点をセットで伝えることが大事です。「この人は、こちらが求めている仕事に対して自分のできること、できないこと、そのギャップをしっかり理解できているな」という評価をもらうことができるのです。

学歴は無理に塗り替えなくていい

僕はスバルで働きながら2年間、東京理科大学の大学院に通い、MOT（技術経営専攻）を修了しています。日本の大学院は、大学を卒業していなくても入学することができます[※1]。社会人になってから大学院に通ったことについて、同じような境遇の高卒の人、あるいは学歴コンプレックスがあるという人から「転職するとき、学歴があったほうが有利ですか？」と聞かれることがあるので、考えたことを書いておこうと思います。

まず、先に結論をいうと、日本の転職市場で戦う限り、学歴を更新するメリットはそんなにないと僕は思っています。日本は新卒採用については完全な学歴社会で、いわゆる有名企業には偏差値の高い大学を出ていないと入社できないという現実がありますが、中途採用になった途端、突然実績が重視されるためです。

ただ、僕はそれでも大学院に行ってよかったなあと思っています。一番よかったのは、僕が何度も本を読んで尊敬していた先生から、直接教えを受けることができたこと。大学を出ていない僕にも論文の書き方などをていねいに指導してくれた先生には、今でも本当に感謝しています。

何事も自分が学ぶ気さえあれば独学も可能なのだと、手応えをつかむこともできました（ちなみに僕は高校卒業まで東野圭吾の小説1冊くらいしか、読書をしたことがありませんでした。社会人になって大野耐一の『トヨタ生産方式』やテイラーの『科学的管理法』など、仕事に直結するモノづくりの古典を読んだことから読書にハマり、先生の本に出会ったのもそれがきっかけでした）。

「学んでみたいけどお金がない」という人もいると思います。大学院にもし興味があるのなら、政府の支援制度があることはぜひ知っておいてください。僕もまるまる自費で通ったので、この給付金のおかげで、だいぶ助けられました。

例えば、国内MBAの多くは「専門実践教育訓練給付金」[※2]の対象になっており、2年以上の職歴がある人ならハローワークに申請に行くと費用の70%（最大112万円）が返ってきます。国立大学なら実質40万円程度で大学院へ通うことも可能なのです。

※1文部科学省　修士課程・博士課程の入学資格について
https://www.mext.go.jp/a_menu/koutou/shikaku/07111316.htm
※2厚生労働省　教育訓練給付制度HP〈2021年11月現在〉
https://www.mhlw.go.jp/stf/seisakunitsuite/bunya/koyou_roudou/jinzaikaihatsu/kyouiku.html

書類選考・面接の5カ条

・「企業側の募集背景」を徹底的に研究する
・書類選考に落ちても気にしない
・「実績がない」は書き方で解決できる
・面接は「企業の課題を聞き出す」場
・面接は「空白のあるエピソード」が効く

第3章

転職エージェント

人生相談するより「情報」を聞き出せ

「転職エージェント」と聞いて、どんなイメージを抱くでしょうか。なかには、「とりあえず転職させがち」「転職希望者の将来よりも、企業や自分の成果報酬を優先」という負のイメージを持つ人もいるかもしれません。

転職初心者のために基本を書いておくと、転職エージェントのビジネスモデルは図のようになっています。この**「企業から報酬をもらう」ビジネスモデルを考えれば、エージェントが個人より企業を優先することは当然**のことなのです。

エージェントの報酬は採用者の年収の約30%が相場といわれているので、例えば年収500万円で働き始めた場合、転職エージェントには企業から150万円の報酬が支払われます。にもかかわらず、エージェントを「人生やキャリアの相談相手（カウンセラー）」だと勘違いして「どうしたらいいでしょうか？」とゼロから相談を持ちかける人がいます。僕はそれには反対です。

僕はむしろ、ビジネスモデルを逆手にとって、**転職エージェントを「無料で使える」メリットを最大限引き出す**ことをおすすめします。

「より高い年収で転職が決まればお互いが得する」ビジネスパートナーとして、うまく付き合ってみてください。この章では、その具体的な方法をお伝えします。

転職エージェントのビジネスモデル

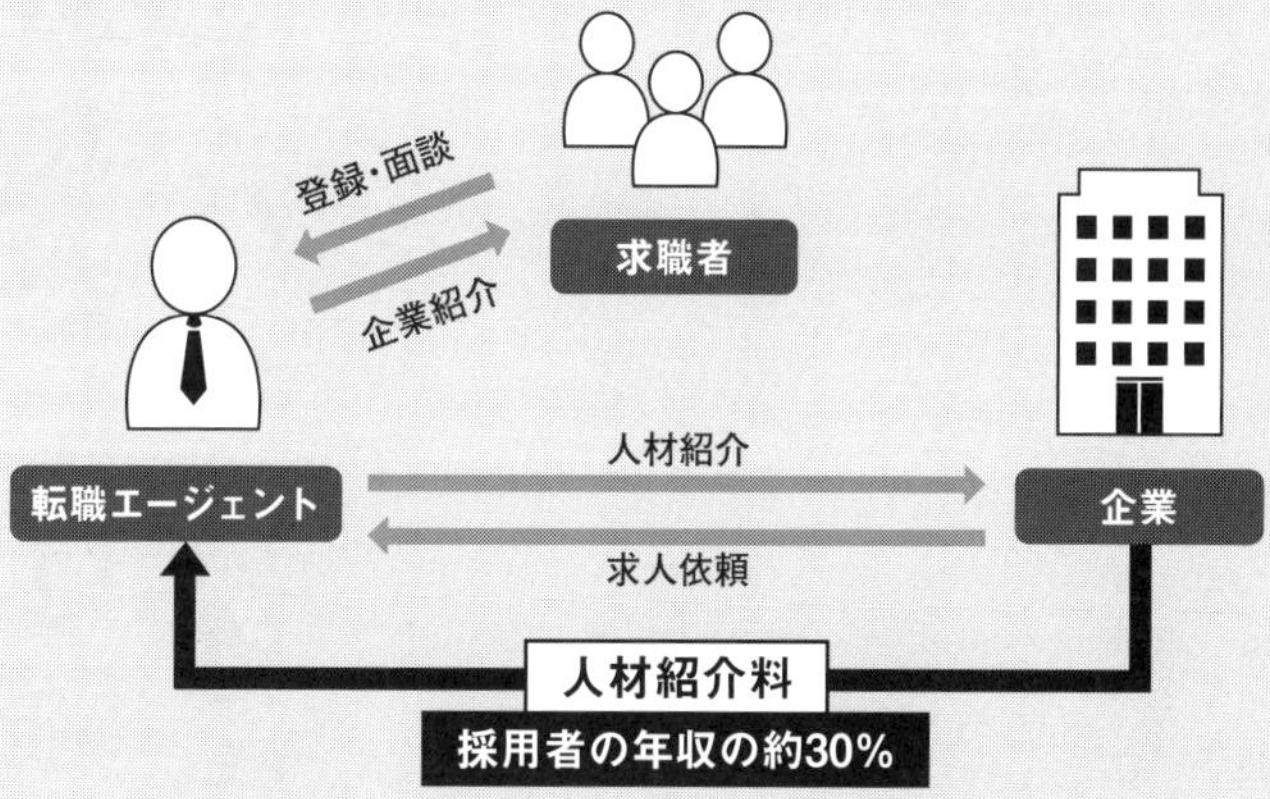

31

「あなたには難しいですよ」のアドバイスは完全スルー

転職エージェントとやりとりするなかで、気をつけなければならないのが「あなたには難しいですよ」の呪いです。

僕は高卒の学歴で2回転職したのですが、そもそもほとんどの大手企業の応募条件には、あてはまっていません。大卒の人は気づいていないかもしれませんが、応募条件として「学歴：4年制大学卒業以上」を掲載している会社は多いのです。

転職エージェントはプロです。高卒に限らず、これまで数多くの事例を見てきて、

「これくらいの学歴・職歴の求職者は、これくらいのレベルの会社に内定できる」という相場感を持っています。だから、その相場感に応じて、僕らに受かりそうな会社を教えてくれます。

実際、学歴が高卒の僕がエージェントに「コンサルティング業界を受けたい」といったときも、「ほぼ100%無理ですよ」「どうせ受からないですよ」という対応を受けました。

直接的にいってくる人もいたし、代わりに違う会社を候補として挙げてくる人もいましたが、積極的に応援してくれる人はいませんでした。当然ですが、転職エージェントは過去のデータを参照しながら僕らの「今の会社を基準に」「今の年収を基準に」アドバイスをします。プロとしては、正しい仕事をしています。

しかし、これは、僕が第1章の会社選びで「避けてください」と書いた「現状にとらわれる」やり方そのものです。

ですから、こうしたエージェントの**常識的なアドバイスは、全部無視**してください。そうしないと、いくら自分が入りたい会社を決めたとしても、だんだん「もしかしてダメなんじゃないか」「どうせ受からないよ」と勝手にあきらめることになってしまいます。受けて落ちるなら、いくらでも学びがありますが、**受けることすらしなければ、受からないのは当然ですし、何も得られません。**最悪のパターンを避けるようにしてください。

僕の場合、基本的にこうした「合否についてのアドバイス」はスルーしています。志望する企業にチャレンジすることさえ止めてくる担当者は、申し訳ないですが、他の方に変えてもらっていました。また、「この人!!」という特定の担当者も、決めていません。必要なときに必要なことを、必要な人に相談する方法で、ビジネスパートナーとして付き合うようにしていました。

ちなみに、大手エージェントか、専門性の高い中小エージェントかで迷った場合、僕は大手エージェントを選びます。

理由は単純で、大手ほど基本的には紹介できる求人の幅が広く、企業の数も多いから。また、専門性の高いエージェントは「受からせるコツ」をわかっているからこそ、学歴や職歴で「門前払い」されてしまう可能性もあります。

もちろん相性もあるので、いろいろな人と会っていいと思いますが、**「業界的に優秀なエージェント＝僕らを受からせてくれるエージェントではない」**と知っておいたほうがいいです。

32

プロだけが知っている「クローズド情報」を手に入れろ

「転職エージェントの不要なアドバイスはスルーしろ」と、いきなり態度の悪いことを書きましたが、「利用するな」ということではありません。エージェントは絶対に利用したほうがいいです。

エージェントの一番の価値は、「貴重な情報をくれる」ところだと僕は思っています。転職の専門家であるエージェントは、最新の動向や業界のトレンド、会社の採用試験の傾向などを把握しています。

「全部個人では調べられないし、もし調べるとしたら超大変だけど、エージェントに聞くとすぐわかる」という情報は、実は山ほどあるのです。そして、その情報を知っているか知らないかが、僕らの「わらしべ転職」では、勝負をわけることになるのです。

こうした情報は、自分で「取りに行く」ことをしない限り教えてもらえません。エージェント側は、情報を教えることが本業ではないし、一人ひとり、調べる具体的な情報は違うからです。

具体的に、エージェントだけが知っている「クローズド情報」とは、次のようなものです。ここには、「受かるための情報」を中心に書きましたが、当然「リモートで働けるか」「実際に育児休業をとっている人はいるか」など、働き方についても気になることは聞いておくとミスマッチがないと思います。

・入社したい業界・企業の採用状況（拡大？　縮小？　中途採用はある？）
・入社したい業界・企業へ転職成功した人のスキル、経歴
・入社したい企業の面接（質問内容、判断基準）
・入社したい企業に受かった人の実際の年収（同じポジションの最高額）

では、ひとつずつ何を聞けばいいかを見ていきます。

33

プロだけが知っている情報①

入社したい業界・企業の採用状況（拡大？　縮小？　中途採用はある？）

第1章で、僕らの転職では、タイミングが重要だと述べました。具体的には

- 外資系の通年採用のタイミング
- 売上急拡大による大量採用のタイミング
- 新規事業による追加人材採用のタイミング

です。

自分が志望する業界・企業が決まったら、まずはこの3つのパターンにあてはまっているかを転職エージェントに聞きます。あてはまっていたら、そのタイミングを逃

さず受けたほうがいいです。

もし「この業界は今、採用を絞っていますね……」という答えが返ってきてしまった場合、「数カ月後に波は来るのか?」を聞いてみてください。数カ月後に来るなら、待つ。もし1年経たないと来ないという答えなら、今受けてしまったほうがいいです。何度も書きますが、タイミングを逃すと次がいつなのかはわかりません。そして、一度落ちたから二度目も受からないということは全くない。確実な次の波が来ない限り、待つことにあまりメリットはないというのが僕の考え方です（募集自体を行っていないなら、あきらめましょう!）。

さらに、具体的な会社名がある程度決まっていれば、そもそも中途採用で入れるか、現在の募集状況についても聞いておきます。業界全体としては拡大傾向だとしても、個別に採用を絞っている可能性もあるので注意してください。

エージェントは、各企業の採用担当者とやりとりをしているので、少なくとも「今年度の採用予算」を把握しています。その年の期末までの期間であれば、採用をする予定があるのか、あるいはないのかは明確に知っているはずです。もちろん、転職の回数に条件がある会社、転職では事実上入れない会社、新卒よりもむしろ中途のほうが入りやすい会社などを把握しています。

〈具体的な質問〉

- □今の大量採用の傾向は、今後も続くか
- □大量採用は、どれくらい続くか
- □過去に中途採用の実績はあるか
- □幹部で中途採用組から出世した人はいるか

34

プロだけが知っている情報②

入社したい業界・企業へ転職成功した人のスキル、経歴

リクルートエージェント、パーソルキャリアなどの大手転職エージェントは、自社で人材のデータベースを保有しています。また、ビズリーチは個人ではなく法人向けに特化したサービスです。これらのデータベースは、個人が自由に見ることはできません。

しかし、転職エージェントはプロとして、これらのデータベースを日常的に利用しています。そして普段僕らが知り得ない「A社には、こんな人が中途採用で受かった」という情報を知っています。（当然、個人情報保護法の範囲内ですが）これを利用しない手はありません。

なお、LinkedIn や Wantedly、YOUTRUST などのＳＮＳは個人でも登録でき、つながった相手の情報を見ることができます。自分で調べてもいいですが、ＳＮＳを調べるときもエージェントに頼んだほうがラクですし、確実だと思います。

実際に受かった人のスキルのレベル、経歴を知ることができれば、**自分が今受かるレベルにいるのか、足りないものは何か、何をすればいいのか**がかなり正確にわかります。具体的には、僕の例を挙げるなら「ＰｗＣに入りたいのですが、同社は高卒でも採用実績があると聞きました。他にはどんな学歴の人がいますか？」というような感じで、エージェントに聞いてみればいいわけです。

第1章で、難関企業に入るときは「ステップを踏む」という話をしましたが、まさに**ステップを踏むのに有益な企業**を探すときにも、こうした情報はかなり使えます。あくまで例ですが、「アクセンチュアに在籍する社員の前職は、この会社が多い」というような情報は、エージェントに調べてもらうだけですぐにわかります。

〈具体的な質問〉

□○○業界の人の前職について「同じ業界」と「違う業界」の比率

□「違う業界」の場合、どんな例があるか

□○○社の中途採用組で「未経験」の人はいるか

□○○社の中途採用組で「未経験」の人の割合はどれくらいか

□○○社に中途採用で入った人の「前職」はどこの会社が多いか

□○○社に中途採用で入った人の「最低の学歴」は、どんなレベルか

35

プロだけが知っている情報③

入社したい企業の面接（質問内容、判断基準）

転職エージェントは、担当している会社について過去の面接がどんなふうに行われ、誰が受かり、誰が落ちたかを全て知っています。できる限り細かく、個別の企業ごとに情報をもらったほうがいいです。会社にかなり入り込んでいるエージェントの場合、一次面接、二次面接、最終面接と**どんな役員が面接に出てくるか**を知っています。

僕が受けていたコンサルティング業界の例でいえば、「ケース面接がある」「面接での受け答えで論理的思考力を見る」など、知っておけば対策を立てられることが結構ありました。

さらに**「過去に面接で落ちた人は、何が理由だったのか」**が会社からエージェントに伝えられていることもあるので、絶対に聞いておきましょう。実際「ガツガツしている人が合わなかったから」というようなカルチャーフィットの問題、「経歴が基準に達していなかった」など、落ちる理由もさまざまで、会社により傾向は全く違います。ちなみに僕は、自分が落ちた企業についても必ず理由を確認するようにしています。「学歴」のような今すぐ変えようがない問題なら気にせず次に行きますし、「スキルの不足」であれば2回目に受けるまでに積み上げることができます。

〈具体的な質問〉

- □どんな採用試験が行われるか
- □事前の対策は必要か
- □面接は何回か
- □面接ではどんな内容が質問されるか
- □過去に落ちた人は何が理由だったか

36

プロだけが知っている情報④

入社したい企業に受かった人の実際の年収（同じポジションの最高額）

転職サイトなどに掲載されている「年収の例」が、あなたにそのままあてはまるとは限りません。そもそもサイトによって１００万円単位でばらつきがあることも多いですし、実際の給与は、同じ会社でもスキルやポジションによって大きく変わります。

一方、転職エージェントは過去の「実績」から、僕らが受け取れる年収の「ギリギリのライン」を知っています。自分のスキルや経験、そして会社側の事情を踏まえて、「どこまで攻められるのか」を相談してみましょう。大前提として、自分のスキル・経験だとどのポジション（等級、グレード）で入社することになるのかも確認しておく必要があります。

さらに、将来のことを考えるならば会社の「給与テーブル」をざっくりでいいので教えてもらうといいと思います。「年収が上がっていくのか／横ばいで止まるのか／年功序列なのか」が明確にわかるからです。

〈具体的な質問〉

□希望するポジションの入社時の年収

□希望するポジションのひとつ上のポジションの年収（入社後、どれくらい上がるかがわかる）

□給与交渉の余地はあるか

37

給与交渉は、必ずエージェントを挟め

エージェントに絶対にお願いしたほうがいい仕事が、給与交渉です。前述したように、エージェントの報酬は、僕らが転職したときの年収によって上下します。**給与交渉がうまくいけば、エージェント側もうれしい**のです。「そもそもしたことがない」という人はもったいないので、ぜひ交渉してみてください。

交渉するときは「いつ」「誰が」するかの基本をまずは忘れないようにしてください。

・「いつ」交渉するか

給与交渉は「内定をもらったあと、オファー面談のとき」に行います。会社内の採用フローが完了してしまうと、簡単に書き換えることができません。後の祭りにならないよう、しかるべきタイミングで動きましょう。

反対に、内定をもらうまでの面接では、合否にかかわるといけないので、お金の話は聞かれなければ一切しなくていいです。

ただし、金額の目安が全くない場合はエージェントには早めに希望年収を伝えておき、企業側にもそれとなく「山下さんは◯◯万円以上でないと辞退するかもしれませんよ」とジャブを打っておいてもらうのがいいと思います。

・「誰が」交渉するか

エージェントと、相手企業とで行ってもらいましょう。人間関係を円滑にするためにも、くれぐれも、求職者本人が直属の上司になる人と、直接は行わないようにしてください。

エージェントを挟むことで、要求を誰がしているのかも特定されず、カドが立ちにくくなります。

38

給与交渉①

「現状のまとめ」から始まる

年収は自分だけで勝手に決められるものではありません。交渉するときは、希望をただ伝えるのではなく「根拠」が必要です。転職エージェントを通すからこそなおさら、数字&書面でやりとりするのが確実だと思います。

交渉の前提として、確実にやっておきたいのが**「自分の現状の給与をまとめる」**ことです。

具体的には、給与が支払われた証拠となる源泉徴収票を集めておく。そのうえで、自分の給与の内訳を改めて理解し、新しい会社と何が違うのかを把握します。自分の給与に対する理解が浅いと、本来はプラスすべき金額を交渉できないまま話がまとまってしまうことがあるので、注意してください。

現状と転職先で違うかどうか（同じか）、チェックすべきポイントは次の通りです。

・裁量労働制か、残業代が出るか

現職が「基本給＋残業代」で新しい職場が「基本給のみ（残業代を含む裁量労働制）」であれば、新しい職場の給与には、残業代の分を上乗せしてもらう必要があります。過去の自分の平均残業時間を調べ、交渉の材料にしましょう。

・福利厚生費は出るか

現職で「家賃補助」や「出張手当」などの各種の福利厚生があり、新しい職場でこれらがない場合も、その分を給与にプラスしてもらう交渉が必要です。

伝統的な日本のメーカーなどは、家賃補助（住宅手当）や社宅、出張費などの福利厚生が手厚く、こうした手当は非課税のものもあるため、結果的に大幅に手取りが増えている人もいると思います。企業によってはそのような手当はないことも多いので、注意してください。目先の年収金額が上がっていても、手取りが本当に増えるのか（減らないか）を計算してみてください。

・源泉徴収票に表れない部分

特殊なパターンかもしれませんが、僕はスバルとＰｗＣ時代、１年以内にポジションが２回変わったので年収がいっきに増えました。しかし、期中の中途半端な時期だったので、前年の源泉徴収票にはそれが反映されず。デロイトへの転職時には状況が複雑だったので、「現状のまとめ」を表にして提出し、エージェントを通してやりとりをしていました。

交渉に、こうした表の提出が必ず必要なわけではありませんが、自分で自分の状況を整理するために活用してもいいと思います。

交渉でチェックすること

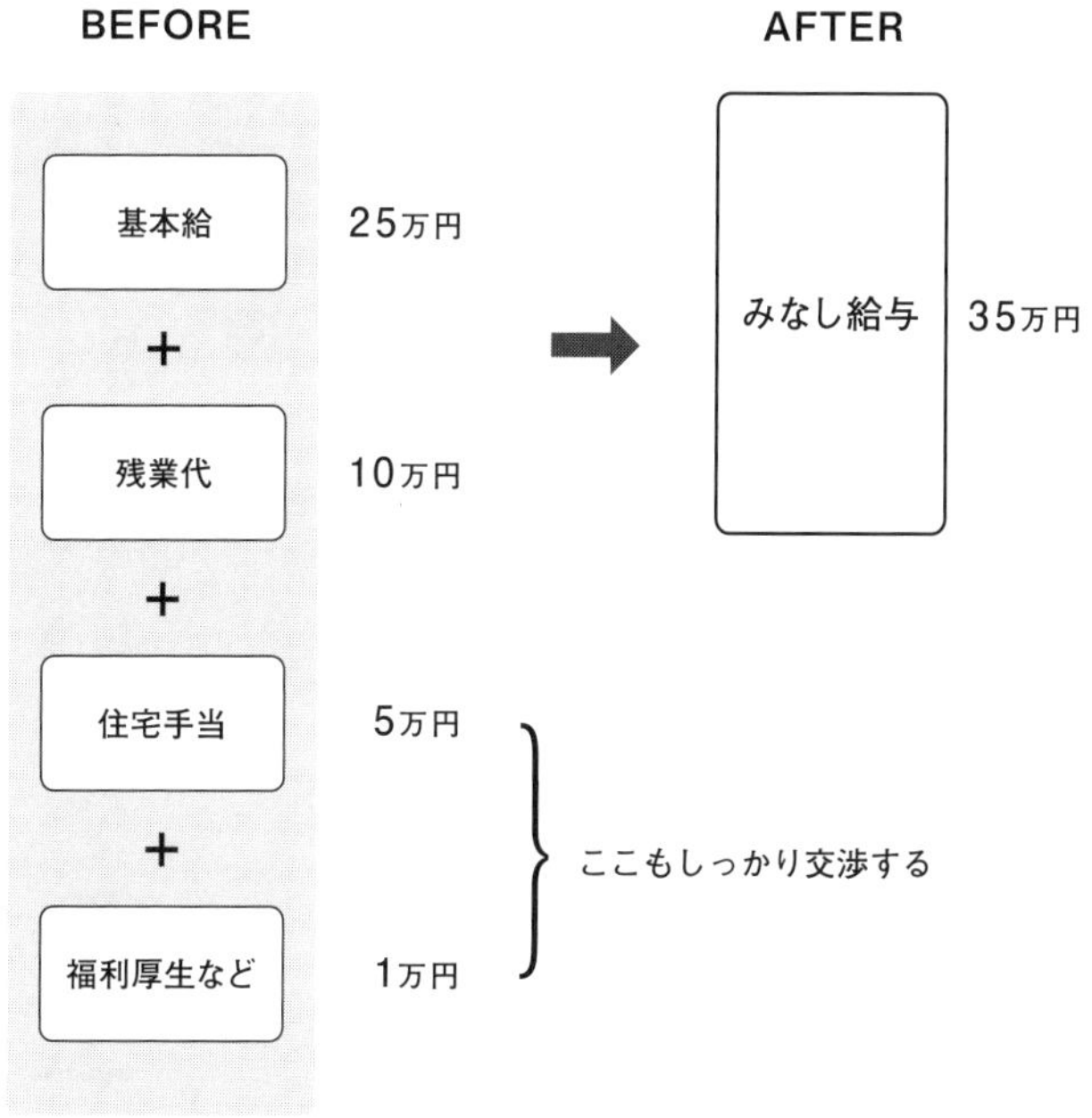

エージェントの報酬は「年収」(基本給、場合によっては
残業代含む)で決まるので、福利厚生には配慮してくれない。
自分でチェックすること

39

給与交渉②

「もし現職にいたら上がる分」も交渉する

交渉の土台となる「現状のまとめ」ができたら、今度は転職エージェントと話して、転職先の会社の**「どの等級（グレード）=年収帯」を狙うか**を考えます。

それぞれの企業には「給与テーブル」があり、転職者の年齢、経験、スキルなどからどの等級で入社してもらうかはある程度決まっています。会社の仕組みを僕らが勝手に変えることはできないので、それを前提に、可能な範囲でよりよい年収を引き出すのです。

僕の場合でいえば、ＰｗＣからデロイトへ同じ業界で転職するとき、ほぼ同じ等級として入社したいという希望がありました。さらに、「もし退職せず、来年度も今の

転職先企業の給与テーブルを知る（イメージ）

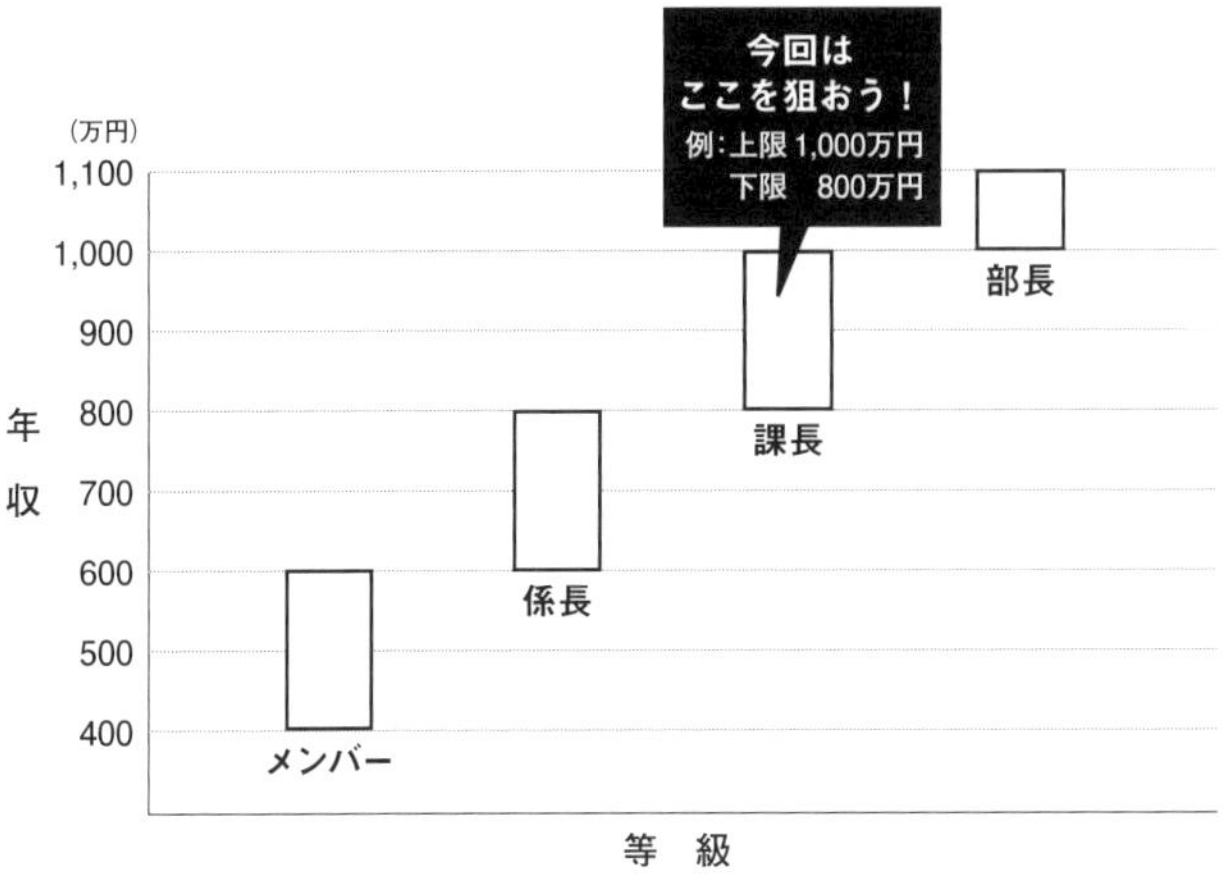

会社にいたら昇給する予定の金額」を上乗せできればと考えていました。

その2つの希望をエージェントに相談して、この等級での年収は、過去にいくらくらいの実績があるのかについて相談し、交渉をしました。

ちなみに、大手企業の場合には明確な「年齢ごとの給与テーブル」が存在することも多いため、いくら交渉しても給与テーブルから大きく外れる金額をもらうことは難しい傾向にあります。

40

内定後も「気楽に連絡できる仲」を継続せよ

転職が終わったあとも、転職エージェントとはビジネスパートナーとして、ゆるくつながっておくのがおすすめです。

何度か書きましたが、転職はタイミングが大事です。

「ニュースで出てきた、あの企業が気になる」

「一度落ちたけど、もう一度チャンスはあるかな」

「あの会社、採用増えてるのかな」

こんなふうに、ちょっと気になったことがある場合、気軽に連絡できるプロがいるのは、とても心強いことです。

エージェントにとっても、これは悪い話ではありません。例えば、僕がもう一度転職するときに、そのエージェントを頼る可能性もありますし、無事に転職できればエージェントにとって実績になり、成功報酬も受け取れます。しかも、一度転職を成功させたという実績と関係性があるので、親身にもなってくれやすいでしょう。

ちなみに「ゆるく」というのがポイントで、僕はそのためにSNSの連絡先を交換しています。**メールになると「お世話になっております」みたいなあいさつが必要だったりして、「ちょっとしたこと」を聞きづらくなってしまう**し、連絡するハードルも上がってしまうからです。転職が成功したらお祝い的に食事に行って「SNS交換しましょう！」と話すのがちょうどいいと思います。

転職エージェントの5カ条

・転職エージェントは人生相談するカウンセラーではない

・プロだけが知る「情報」を手に入れろ

・過去の「転職成功者のデータ」を知ることで、対策がわかる

・給与交渉はエージェントに任せろ

・内定後もゆるくつながると、次の転職に生きる

第2部

転職準備編

第4章

実績づくり

出世のためより「転職を前提」に働け

転職のアドバイスというと、会社選びや書類選考・面接など「転職活動」のことについてのみ、書いてあるものがほとんどです。しかし、僕の考えは少し違います。本書の冒頭で書いた通り、「転職活動」と「転職準備」が両輪でうまく噛み合ってこそ、本当に納得できるキャリアを手に入れることができるのです。この2つはかけ算なので「転職準備」が0点だと、いくら「転職活動」が100点満点でも、結果は0点になってしまいます。

当然のことですが、「実績やスキル」は一朝一夕に手に入るものではありません。積み上げる内容にもよりますが、それなりに時間がかかります。だからこそ「いつ転職しても大丈夫な自分」に少しでも近づくために、日々の仕事をする必要があるので

目的別働き方の比較

	出　世	転職前提
成　果	ナンバーワン	オンリーワン
仕事内容	規模が大きいけれど 裁量が小さい仕事	地味でも 裁量が大きい仕事
人間関係	社内政治が重要	キーパーソンを探す

す。

それは、**「いつか辞めるんだから、目の前の仕事なんてどうだっていい」**といった考え方とは**正反対**のものです。一方で、**「今の会社で定年まで勤め上げる」と決めている人とは、違う価値観で仕事をする必要**があります。

「今の会社で出世するために働く」と「転職を前提に働く」。この2つの働き方の違いをまとめたのが、上の図です。どちらも「成果を出す」のは重要ですが、そのやり方は全く違います。この章では、2つの違いについて、詳しく説明していきます。

41

社内MVPではなく「他の人がやらない仕事」を狙え

「転職のために実績づくりをしよう！」「転職のために市場価値を上げよう！」

そう煽る人はたくさんいますが、結局のところ日々の仕事で何をすべきなのか、具体的に教えてくれている人は存在しません。**「デキる人になれ」みたいなことが、ふわっと伝えられるだけ。**

結果的に、「実力で勝負したい」と考えているやる気のある若い人ほど、このテーマについて勘違いをしていることが多いなあ、もったいないなあといつも感じます。

典型的な勘違いの例が「社内MVP」です。

実際、職務経歴書や面接の場で「自分は何々期MVPで〜」とか「営業部で売上ナンバーワンをコンスタントに獲得している」といったアピールをする人はよくいます。

僕は社内MVPを否定する気持ちは全くありません。1位をとるためには、圧倒的な努力が必要で、成し遂げた人を尊敬しています。実際社内MVPは、「1社で勤め上げ、出世していく」これまでのサラリーマンの王道コースを歩むためには、とても重要な称号でした。

それでも僕自身が、転職活動で社内MVPを重視していない理由は2つあります。

ひとつは、**圧倒的にコスパが悪いから**です。僕を含めこの本を読んでいるのは、学生時代の学歴レースでも、そして新卒採用というレースでも「1位」をとっていない人だと思います（単刀直入な書き方ですみません……）。長い間「1位ではなかった人生」に失望し、苦しめられてきたのに、なぜまた仕事のレースでも1位を目指してしまうのでしょうか。僕からすると、結果が見えているレースのために、大量の時間とリソースを投じることは、かなりムダに思えます。

もうひとつの理由は、**転職市場に出た途端、「MVP」はそんなに希少価値ではなくなってしまうから**です。

MVPとは、言い換えれば「社内のコンテストで1位をとった人」。転職市場に視野を広げれば、ナンバーワンは各社に一人ずつはいるわけです。スポーツの試合で、予選である県大会では1位でも本選である全国大会に行けばいくらでもライバルがいるのと同じ。結局限られた世界での実績として評価されてしまいます。実現するのが大変な割に、評価されない。「1位を狙う仕事術」は、社内で出世するためには必須ですが、わらしべ転職にはそれほど向いていないのです。

では、僕らが身につけるべき「実績」とは何か。僕は悩み相談を受けるたびに「他の人がやらない仕事を狙おう」とアドバイスしています。**「ナンバーワンではなくオンリーワンを狙え」**と言い換えることもできます。

サラリーマンとしてある程度の期間働いていると、社内の「花形部署」「出世コース」がだいたい決まっていることに気づきます。そしてそこから少しでも自分が外れると、劣等感や無力感を抱いてしまいがちです。

特に、ピラミッド型の組織や成果至上主義の環境にいる人ほど、自分に自信を持てずに苦しんでいるかもしれません。優秀な成績を収める同僚と自分を比較し、「MVPになれない辛さやストレス」を感じているのではないでしょうか。

しかし僕は、誰もが異動したがる「社内のエース部署」や誰もがやりたがる「人気のプロジェクト」にはほとんど興味がありません。PwCでもデロイトでも、前職の製造業の経験を生かせる、評価されやすいプロジェクトだけを選んで参加していました。

スバル時代も、本業の仕事はこなしつつも、その他に、自分で交流会を立ち上げていました。

「他の人がやらない仕事」を狙う。この戦略なら、社内で「横並び」の熾烈な競争をする必要はありませんし、ライバルがいないので成果にもつながりやすい。僕らが転職でPRする実績をつくるには、うってつけなのです。

42

他の人がやらない仕事①

社内の評価＝転職に役立つ実績ではない

では、「他の人がやらない仕事」を具体的にどうやって見つけて、実現していけばいいのか。

勘違いしないで欲しいのですが、この地球でまだ他の誰も成し遂げていないイノベーションをやってのけろという意味ではありません（もちろんそれができたら最高ですが）。

「他の人がやらない仕事」とは、言葉を補足すれば**「会社の儲けに直結するのに、地味で、社内での評価につながりにくい仕事」**。そのなかにこそ、転職で強くＰＲできるチャンスが隠れているのです。

僕がおすすめするのは、一般の社員でも手が届く、**「半径3メートル以内」のルールや仕組みを変える**ことです。

例えば僕が松田電機で実践したのが「書類フォーマットの修正」です。

新しく車を開発するときには毎回製品の製造工程をチェックする書類を作成するのですが、その書類のフォーマットがわかりづらいまま放置され、結果的に抜け漏れが頻繁に発生していました。そこで、誰でも間違いのない手順で作業・記入ができるように、必要な項目の「枠」を細かく、わかりやすく変更しました。

さらに、「仕事のシステムの変更」も行いました。

工場でのスイッチの組立工程をシミュレーションするとき、その図面はずっと「2次元」でした。しかし、現場での作業のことを考えれば「3次元」のほうが、誰もがイメージしやすくなります。変更しても、さほど新たなコストがかかるわけではないのに、放置されてしまっていた。そこで僕は上司に改善の提案を行い、3次元のシステムを導入しました。

どちらも専門知識がほとんどない当時21歳の僕でも気づく内容でしたが、誰も手をつけていませんでした。理由は簡単で、みんな興味がなかったからです。

「新製品の開発」や「技術の探究」には誰もが熱心に取り組むけれども、それを行うために必要な（でも地味な）書類のフォーマットやマニュアルについては、ムダや非効率が放置されている。こういうことはどの会社でも起こっていると思います。

日々現場で働いていると

「あのデータをそのまま連携したら入力作業が減るのに」

「エクセルでつくっているデータを、全員がオンライン上で修正できるようにすればいいのに」

「日程調整はもっと効率化できるのに」

といった気づきを得られるはず。

自分に影響がある「半径3メートル以内」の範囲でいいので、そうしたひとつひとつのムダに気づき、改善する。会社全体の儲けになることは何かを考えて、自分なりに行動する。そして、もしやってみていい結果が得られたら、すぐ社内に共有する。

こういう仕事をひとつひとつ積み重ねていくことが、僕らの「実績」になります。

あまり目立つことではないために、もしかしたら褒めてくれる人は少ないかもしれません。でも僕の経験では、社内でもちゃんと見てくれている人はいます。そして、そもそも「社内の評価＝転職に役立つ実績」ではない。この事実を知っていれば、もう迷うことはありません。

43

他の人がやらない仕事②

「個人が稼ぐ利益」を意識する

「社内の評価＝転職に役立つ実績」ではないといわれると、何を拠り所に日々仕事をすればいいのか、何をゴールに頑張ればいいのか、不安になる人もいると思います。

実はこれには明確な答えがあります。

どんな仕事をするときも意識すべきなのが**「個人が稼ぐ利益」**です。


「今、自分がやっている仕事は結果的に利益をいくら稼げているか」

「自分がこの仕事にかかわることで、利益が何％アップしたか」

この視点を持っているだけで、自分が今やっている仕事への見方が全く変わります。

利益は**「①売上を増やす」「②コストを減らす」**のいずれかの方法で増やすことができます。自分のやっている業務では、①②のどちらで利益を増やすことができるか、まずは考えてみてください。

例えば、前述した「書類フォーマットの修正」。仮に、僕がこれをやったことで、製造現場の生産性が向上し、時間あたりでつくれる量が5％アップしたら。当然、利益も同じ割合で増えます。

あるいはこれまで5人でやっていた作業が、4人でできるようになったとしたら。その作業にかかる一人分の人件費が減って、利益が増えます。

この考え方をしていくと自然に気づくことだと思いますが、「他の人がやらない仕事」だからといって**「会社の儲けと関係ない仕事」を自分勝手にやっても、何の価値もありません。**社内から応援されず、利益も出さず「俺はユニークなことをやってるぞ！」と勝手なことをしても、それは単なる「趣味」。転職のときにも「実績」として評価してもらえませんので、気をつけてください。

44

他の人がやらない仕事③

プロジェクトを「少人数で、小さく」立ち上げる

「他の人がやらない仕事」を実現する一番確実な方法があります。それは自分でプロジェクトを立ち上げてしまうことです。

「いやいや、いきなり20代とか30代の若手がゼロイチで何かをやるのは普通無理でしょ……」と考えがちですが、それは、いきなり大規模なものを思い浮かべているからでしょう。転職することを前提にするなら、正直**「仕事の規模」を追い求める必要はありません。**「大きなプロジェクト！」「派手な新規事業！」を立ち上げる必要は全くないのです。というより、大々的に稟議を上げてOKをとるようなレベルだと、た

いてい若手の意見はつぶされると思ったほうがいいです。転職で使える実績を積むには、**小さく始められて裁量が大きい仕事を狙う。**これが重要なポイントです。

僕はスバル時代、本業である自動車の先行開発と並行して、小さな交流会を立ち上げました。メンバーは、最初は上司と僕だけ。頻度は2カ月に1回。社外の人を含め、いろいろな部署の人が情報交換をしながら、一緒に自動車のことを学ぶという取り組みです。

もともとは、会社の縦割りの組織を超えて、横のつながりをつくりたいと思ったのがきっかけ。僕が声をかけやすい人を少しずつ誘っていき、最終的には課長、部長も認めてくれる研修制度のひとつとして定着しました。いまだにここで知り合った人との交流も続いています。

「自分の部署では学べないことを知ることができた」と参加者にも好評で、僕自身が自動車についての知識を増やすうえでもかなり勉強になりました。

規模は小さいですが、自分がやりたいことを自分がやりたいように実現した結果、「他の人がやらない仕事」になったと自負しています。

45

他の人がやらない仕事④

ルーティン業務でも「自分なりの工夫」を言語化する

「他の人がやらない仕事」を探すのと同時に「**他の人がやらないやり方**」を模索するのも、とても大事なことだと僕は思います。そう考えると、日々の仕事のなかにも、いくらでも転職でＰＲできることは転がっています。

意外と知られていませんが、企業側が採用で成果と同じくらい重視するのは「何を考えて行動してきたのか」、そのプロセスです。最終的な成果は、働く環境や置かれた状況がガラッと変わったときに、再現性があるとは限りません。チームで行う仕事の場合、周囲の環境やメンバーにも大きく依存しています。しかしあなた個人が「考えられる人か」は、そのプロセスを見ればわかります。

そこで、日々の仕事をするときに

・**思考：どんな「思考のプロセス」で成果を出したのか**
・**行動：その成果のために、どんな「自分なりの工夫」をしたか**

を記憶、記録して言語化しておくと、職務経歴書や面接の段階になったとき、しっかり伝えることができます。


そのために、僕は日々の仕事で「1日ひとつの振り返り」を実践しています。

毎日の退屈なルーティン業務でも振り返りをすれば、必ず改善点が見つかります。そして、自分なりに工夫してその改善点を変更すれば、以前とは少し、違った結果が出るはずです。これをメモしておくのです。

例えば自動車の先行開発の現場でしばしば起こる「試作品の納期が遅れる」という問題。僕は遅れたこと自体を嘆くよりも「なぜ遅れたのか」の原因を分解して、記録するようにしていました。

金型づくりの遅れなのか、人の配置が悪かったのか、組立の工程に無理があったのか……。細かく振り返っておくと、遅れにはパターンがあり、その後の対応策も決まってくることが見えてきました。こういう話は、そのまま面接で話すことができます。

若手のうちは、「上司から指示された仕事」「自分がやりたくない仕事」もたくさんあると思います。僕もそうでした。**「やりたい仕事」だけをやることはできなくても「やりたい方法でやる」のは自由**です。ぜひ、制約があるなかだからこそ、自分なりの仕事の工夫をしてみてください。

46

他の人がやらない仕事⑤

安定して「5段階中4の評価」をとれ

「他の人がやらない仕事」をやる。これはあえて別の言い方をすれば、社内の「本流ではない道」を歩むことです。そのため、会社員として注意しなければならないことがあります。

一番大事なのが、会社の人事評価で上司が認める結果を出すこと。具体的には「5段階評価なら、4をとる」。それも1回ではなく、コンスタントにとり続ける必要があります。

「どうせ転職するのだから社内の評価は低くていいよ」と思う人がいるかもしれませんが、それは大きな間違い。完全な「一匹狼」で突き進めるフルコミッションの営業などは別かもしれませんが、ほとんどの仕事で、社内で疎まれたり邪魔者扱いされたりしている人が、成果を出すことは難しいと思ったほうがいいです。

僕のこだわりは、5段階中**「5」でもなく、「3」でもなく「4」**であること。

「5なら満点だからいいじゃないか」と思うかもしれませんが、これは「1位」を狙う思考。僕らが中途半端な気持ちで狙っても、横並びの競争に巻き込まれて結果は出せずに終わります（自然体でずっと5がとれている人は、もしかしたら本書は必要ないかもしれません！）。

一方で「3を維持」もおすすめしません。このレベルだと、上司からは「まだまだ成長が足りていない」という評価になるためです。上司からは部下のあなたを伸ばそうと「あれをやってみよう」「これをやっておいて」とどんどん仕事を振られる恐れがありますし、新しいことをしていると「それよりこっちを優先してよ」と注意を受けることもあります。とにかく上司や会社の側に「文句をいう隙を与える」のはNGです。

僕が目指していたのは、**圧倒的トップではないけれども「あの人に任せればこなしてくれる」という評判の社員**になることです。仕事には安定感があって、何かをお願いしても安心。時間的にも余裕があるので、社内で何か始めるときにも名前が挙がりやすくなる……という状態です。

こういう評価・評判を一度社内で得ることができると、自分から手を挙げなくても「新しいプロジェクト、山下を入れておこうか」と声がかかるようになります。声がかかれば、つながりも増えます。そこで評価されれば、さらに「他の人がやらない仕事」への道が開けます。

何より「山下はやることやってるから、好きなようにやらせてやろう」という評価を手にすることができるのです。

47

社内政治とは違う「人間関係」を重視せよ

誰でも若い頃は仕事の成果・実績のみで評価され、職位も年収も上がっていきますが、ある一定の職位以上になると「社内政治」と無縁ではいられません。

大企業であればあるほど、「○○社長派」「○○部署が強い」などの派閥意識も存在します。誰につくか、誰に抜擢されたかにより、その派閥の人々にも影響が出る。人間が人間を評価する以上、好き嫌いは仕方ないし、会社から「政治」をゼロにすることは難しいと思います。

出世ではなく転職によってキャリアをつくる。僕らの働き方の一番ラクなポイントは「社内政治」と本質的には無縁であることです。自分に必要な実績づくりだけに専念できるので身軽だし、誰とでも、中立な人間関係を築けます。

一方で「どうせ転職するんだし、ドライな関係でいいや」と人と人との信頼を軽視することは、絶対にNGだと僕は考えています。「MVP」や「1位」を狙わないからこそ、**周りで「応援してくれる人」の存在**が不可欠なのです。

具体的に、僕が大事だと思うのが次の3つのつながりです。

①キーパーソン
②他部署の人
③直属の上司

なお、相手は人間ですので「あいさつを忘れない」「ウソをつかない」「人によって態度を変えない」などのビジネス上の基本的なマナーを守ることはいうまでもありません。では具体的に、3つのつながりが必要な理由と、付き合い方のコツを見ていきます。

48

実績につながる人間関係①

人望ある「キーパーソン」を攻略せよ

「他の人がやらない仕事」にまい進しようとしても、自分一人の力で実現するには限界があります。何より、社内で目立つことをすると、反発を受けることもあります。スバル時代、僕がいきなり交流会を立ち上げたときは、正直一部の同僚からは煙たがられていて（笑）、社内からは「なぜあんなことをしているのか」との意見もありました。

そんなとき、いつも僕がやることを助けて、協力してくれたのが、長く同じ部署で働いていた30歳以上年齢の離れた先輩でした。直属の上司ではなかったのですが、何をするにも頼って、「教えてください！」と相談に行っていた僕を、入社当時からかわいがってくれていたのです。

先輩には高い技術力、実績、人望があり、社内では一目置かれる存在でした。正直、組織のヒエラルキーでは、トップに上り詰めていたわけではありません。しかし、多くの役員、管理職が「若いときに一緒に仕事をしたことがあり、実力を認めている」「あの人がいうなら間違いない」と信頼を寄せる人物だったのです。

スバルで僕が新しい仕事を立ち上げられたのも、最終的にはその先輩が、僕の直属の上司や、その上の部長を「山下はやる気だから、ぜひ任せてあげてくれよ」と説得してくれたからでした。


何かやりたいことがあって、それをチームに手伝ってもらって実現したいなら、実際に意思決定をする人をおさえるのはもちろんですが、**「影の影響力」を持つ人＝キーパーソンの存在に気づき、人間関係を築く**ことがとても重要なのです。

僕が考えている「キーパーソン」の条件は次のようなものです。どの企業にも、必ずいると思うので「あの人はあてはまるかな？」と考えてみてください。有能ゆえに一筋縄ではいかない人物の場合もあるかもしれませんが、だからこそ、僕らの大きな力になってくれるはずです。

・現在も「現場の第一線」の知識がある
・周りの人にはない特別なスキルを持っている
・幹部たちの同僚、または先輩
・どんな人にもフラットに接する
・職位は必ずしも高くない

「権力があるから近づく」のではなく、「心からの敬意を持って近づく」。そういう若手に対して、実力がある人ほどちゃんと理解して、仕事を進めるときに味方になってくれます。

49

実績につながる人間関係②

顔と名前を売って「声がかかりやすい人」になる

若手のうちは、ついつい職場内の近い場所にいる人との人間関係ばかりで毎日が終わりがちです。普段話すのは、同じ部署の同僚や2～3歳上の先輩ばかりという人も多いのではないでしょうか。

もちろん、仕事のことで雑談したり、たまには愚痴をいい合ったり、年齢が近いからこそできるコミュニケーションはあると思います。ただ、人間関係がそれ以上の範囲に広がらないままだと「転職の実績づくり」という意味では、かなり物足りないといわざるを得ません。

僕がぜひおすすめしたいのが、**「他部署の人」に顔と名前を覚えてもらえるレベルの関係をつくっておく**ことです。これは、コンサルティング・ファームのように、1回1回のプロジェクトごとにメンバーが変わる仕事でも、とても大切なことです。なぜなら若手であればあるほど、プロジェクトに呼んでもらって初めて、仕事の実績を積むことができるからです。

松田電機時代の僕がまさにこれで、海外事業のメンバーに選んでもらえた背景には、僕が社長に「名前を覚えてもらえていた」ことが、とても大きいと思います。

職務経歴書だけを見ると、表向きには「抜擢された」と考える人がいるかもしれませんが、実際は何十回もマニュアルや業務改善の提案書や稟議書を提出して、じわじわ自分の存在を示す努力をしていました。社長も「また山下の名前があるな……」という感じで、一社員のことを意識してくれていたのではないかと思います。

こうした他部署（他のプロジェクトメンバー）との人間関係は、当然ですが黙って待っているだけだと構築できません。かといって、しょっちゅう飲み会をしたり、プライベートでつるんだりするのはちょっと「重い」です。僕は本当にささやかなことですが、いくつかの工夫をしていました。

・自分が専門ではないことを質問する

「ちょっとわからないことがあったんですが……」と質問したり、自分が考えたアイデアに対して「これってどう思いますか？」と意見を求めたり。会議中ならば必ず会えるし話せるので、他部署の人にどんどん話しかけるようにしていました。

・聞かれたことに超速で返事をする

社内で最近知り合った人から頼まれたこと、聞かれたことには、とにかく信じられない速さで対応。「こういう感じでまとめてみましたけど、大丈夫ですか？」とその日のうちに確認していました。極端に速いだけですがインパクトがあったようで、「すごいな、山下さん」と名前を認知してもらえるようになりました。

50

実績につながる人間関係③

「上司を出世させるために自分は何をすべきか」と考える

直属の上司がどんな人かは人生のガチャの一種で、自分で決めることはできません。パワハラやいじめからは即逃げたほうがいいですが、基本的に、僕は上司を理由に転職するのはあまりおすすめしません。

「自分はこんなに成果を出しているのに認めてくれない！」と愚痴ったところで、結局人事評価の権力をもっているのは上司。この現実に向き合わない状態で転職しても、また同じことを繰り返す可能性が高い。実績も積み重ならないでしょう。

では上司にゴマをすればいいかというと、それもほぼ無意味だと僕は思います。

仕事をするときには「上司を出世させるために、自分は何をすべきか」を本気で考えてみてください。そうすると自然に、上司は僕らのことを応援してくれます。そして上司が出世するような成果を出せれば、それは会社の利益（個人の利益）につながり、僕らの実績も積み上がります。

例えば、僕が所属する部署全体の生産性を上げて、その期にコスト削減ができたなら、それは**個人の実績にもなり、同時に上司の成果**となります。

僕は自分が仕組みを変えたり、より効率的なシステムをつくったりするのが好きだったので、思いついたらすぐに、上司に「やってみていいですか？」と頻繁に確認していました。実際に取り組んで成果につながったものもありますし、なかには承認してもらえないこともありました。でも、アイデアを話してやりとりするうちに、上司とのコミュニケーションも深まり、「山下は前向きに提案してくれるなあ」と、存在を認めてもらえるようにもなりました。

一方で、僕は直属の上司にも歳下の後輩にも、他部署の人にもベテランのキーパーソンにも、全員に同じ態度で接することも心がけていました。

自分がアサインされているプロジェクトが、どう考えてもおかしな方向に向かっているときには臆せず意見していましたし、会議などで意見が割れたときも、フラットにいいと思う側についていていました。「上司を出世させるためには」という軸で考えたとき、単なる「イエスマン」になればいいわけではないと思ったからです（ちなみにこういう忖度ゼロの態度は、一生転職せず、出世を本気で目指す人にはおすすめできません。社内政治は清濁併せ呑む覚悟も必要です）。

ただし、上司に意見するときは、「いいですね！↓（その後）提案」の順。単なる「生意気なやつ」と思われたら味方になってはもらえないし、僕の意見をちゃんと聞いてもらいたかったので、どんなときでも相手を否定しないように気をつかっていました。NOをいうのは、ロジックやファクトに対して。常に客観的に、定量情報で話すように心がけています。

51

「成長企業」にいると最速で実績が積める

「実績づくり」についていろいろと書いてきましたが、ここに書いた内容は、どちらかというと成熟した大企業、中堅企業で働いている人に向けたものです。

もしあなたが、今まさに急成長しているベンチャー企業、スタートアップ企業で昼夜問わず必死で働いているのならば、細かいことはあまり気にしなくてもいいかもしれません。なぜなら、

・売上
・社員数
・市場シェア

が急激に右肩上がりで成長しているような場所にいると、自然に人も成長し、ものすごいスピードで実績を積むことができるからです。

僕がわざわざ「他の人がやらない仕事をやれ」と書いたのは、通常何もしなければ、仕事はルーティン業務が大半になり、自ら動かない限り同じことを繰り返すことになるからです。

でも、急成長している企業では、常に新しい業務や部門、ポジションが生まれ続けています。仮に顧客の数が倍に増えれば、これまでのやり方や仕組みを変えなければビジネスは立ち行かないですし、社員を倍に増やすには、採用の仕組みを整える必要があります。

「他の人がやらない仕事」を自ら考えなくても、**目の前にどんどん新しい仕事が生まれ、慌ただしくそれに対応せざるを得ない**状況があらわれてくるのです。

さらに、急成長企業では、否応なく**「個人」の力が重視**されます。言い換えると、人手が常にギリギリのため、「もし今あなたが抜けたら、会社が傾く」状況が、リアルに起こり得るからです。これも実は「個人の実績」を積むには絶好の環境です。自分が考え、決断を下した仕事が、そのまま自分の職務経歴書に反映できる。まさに企業のなかで「ゼロからイチをつくる」を体験できるでしょう。

52

退職交渉も「仕事」の一部

僕は転職するときに、元の会社と一度もモメたことがありません。自分として、その一番の理由は、**「迷わなかった」から**だと思っています。

僕は、中途採用は

- **受かったら入社する会社しか受けない**
- **キャリアのことは、（同世代だとしても）今の会社の人に一切相談しない**

を徹底していました。

よくあるのが「辞めようと思います」という言葉を切り札に上司の気を引いたり、

慰留された場合に「考えてみます」と答えてしまうパターン。こうした**どっちつかずの態度こそが、退職するにしてもしないにしても、遺恨を残す原因**になります。そもそも、迷うような転職はその後の人生にあまりいい影響を与えません。それなら、今の会社にもう少し残ることを考えたほうがいい。

反対に、迷いがなく前向きな転職であれば、ほとんどの人は応援してくれますし、それで文句をいうような人とは、その後もつながる必要はありません。何よりいいのは、迷いがないと、引き継ぎに全力を尽くせること。会社に迷惑をかけることもなくなります。

僕は、転職先の会社の内定が出た時点で、辞めるまでのスケジュール（全体像）をつくり、引き継ぎ期間を長くとっていました。「あれもこれもやり残して、あっという間に辞めた」という人のイメージは退職後も悪く、その後の人間関係にも響きます。しかし、引き継ぎ期間でもじっくりやりとりをして仲を深めることで、今後上司、同僚、他部署の人、そしてキーパーソンとも長くゆるく、つながることができるのです。僕は今でも1社で2～3人、やりとりを続けている人がいます。

「社内資料」こそ若手にとっての最強の教材

「実績がある人に仕事が回ってくるけど、自分は実績ゼロだから仕事が回ってこない。結果、実績がいつまでも積めない……」未経験の業界に飛び込んだとき、このループにハマってしまう人は結構いるのではないでしょうか。僕も新卒で入った松田電機の1年目は、歯がゆい思いをしました。当時の上司には「生産技術のことをもっと勉強しろ！」と毎日怒られていました。

そして当時の僕が思いついたのが「会社の資料をひたすら読む」ことです。僕は朝7時に会社に来てから始業時間まで、そして現場の仕事が終わったあと深夜11時ごろまで、会社のキャビネットに収められたマニュアルを片っ端から読みふけりました。

「トヨタ生産方式」の基本的な考え方（松田電機はトヨタ向けの部品をつくっている会社だったので）や、自動車部品の知識、そして専門のスイッチのことまで。高卒偏差値40以下で何も知らなかった僕は、自動車業界に関する知識の全てをその資料読みで身につけたといっても過言ではありません。

さらに、自社の個別の製品（スイッチ）が開発された歴史にも目を通しました。どんな過程で製品が開発され、どんな問題が起こり、最終的にどのように市場に受け入れられたのか。僕は資料を読むことで、直近10年くらいの松田電機の歴史を全て追体験することができたのです。

3カ月間業務時間外に資料を読む日々を続けた結果、僕は社内のベテラン社員さんと話が合うようになってきました。

直接経験していなくても、過去の事例を知っていることで、防げる失敗は多くあります。その知識をもとに「こうしたらもっとムダが減りませんか？」と現場で改善を提案すると、「山下はよく勉強してるなあ」と認めてもらえるようになってきました。

実績を積むために、お金を払ってスクールに行く。知識を手に入れるためにビジネス書を読みあさる……もちろん、そうした投資やインプットがムダなわけではありません。

でも、もっと身近で即効性がある教材、「社内資料」を、ぜひ見直してみてください。

実績づくりの5カ条

・「転職の実績＝仕事がデキる」ではない
・「他の人がやらない仕事」を率先してやれ
・「安定した結果」を出せば誰からも文句をいわれない
・実績をつくるのは「目立つ仕事」でなくていい
・キーパーソンを攻略せよ

第2部
転職準備編

第5章
身だしなみ

生まれつきの容姿より圧倒的な「清潔感」

「僕は仕事の実績で評価されたいので、見た目は別にいいです」

「モテたいわけじゃないので（笑）」

僕に転職の相談をしてくれた人に、準備のひとつとして「見た目を改善しよう」と伝えると、こんなふうにちょっと引かれたり、茶化されたりすることがよくあります。

そのことを、僕はすごくもったいないなあ……と感じています。


と、偉そうに書いたものの、僕自身も長い間、自分の外見には無頓着でした。

気にするようになったのは、20代半ばのタイミング。高温多湿のタイから、スバルの群馬工場近くの寮に引っ越しをしたためか、ひどい抜け毛と肌荒れに悩まされるようになったのです。

当時、抜けた髪を見たら毛根がないのに気づき「このままではハゲてしまう！」という危機感から、すがるように情報を集め始めました。今ではすっかり「美容」にハマり、いいといわれるものはとりあえず試している僕ですが、少し前の自分を振り返ると「仕事の実績と外見は関係ない」「あとから変えられるものじゃない」とかたくなになってしまう気持ちはよくわかります。

だからこそ、この章では身だしなみのことを伝えたいと思いました。

実際にマンダムが30～60代の上場企業で働く新卒採用担当者を対象に行った調査によると、９割以上が「身だしなみから受ける印象は選考に影響する」と回答。※礼儀と同じくらい清潔感が重視されることがわかっています。

また、ワークポートが行った「採用担当者のホンネ調査」でも、面接のときに話の

※企業新卒採用担当者に聞いた！就活生の身だしなみと態度に関する調査〈面接編〉（２０１９年）

内容以外で最も気になるのは「身だしなみ・清潔感」が32%とトップにランクイン。「経験・スキル」は20%なので、いかに身だしなみが重要かがわかります。

では、転職で評価される「身だしなみ」とは何か。

それは**「清潔感」**です。

生まれ持った体格や、顔の造作、センスなどは全く関係ありません。実際、社内を見回しても「評価されている人」の

・体型
・顔
・服のセンス

などはさまざまだと思います。生まれつき容姿に恵まれている人も、そうでない人もいるはず。恰幅のいい人もいるし、やせた人もいるでしょう。しかし、「清潔感がない」のに評価されている人は、おそらく存在しないと思います。

「身だしなみ」の恐ろしいところは、転職のために**積み上げてきたスキルや経験、努**

力を一瞬で無にしてしまう、さらに場合によってはマイナスに落下させてしまう点です。面接での一瞬の印象が悪かったせいで落とされてしまうことはよくあります。

一方で、僕が本書に記した美容のケアはまだまだ気をつけていない人が多いので、少しやるだけでいっきに他の人との「差別化」ができます。しかも、スキルと違って**誰でも今すぐ実践できる**ので、コスパが最高なのです。

僕自身は男性なので、この章の細かなノウハウは男性中心になりますが、「清潔感が重要」という原則は女性も全く同じです。

53

清潔感は「たった4つの要素」で決まる

では、転職で評価される「清潔感」とはいったい何でしょうか。実は、この「定義」と「優先度」があいまいな人が多く、そのため間違った努力をしてしまっています。僕が考える「清潔感」とは、次の4つの要素で決まります（優先度の高いほうから並べました）。

①髪：短く保つ
②服のサイズ：ジャスト
③眉毛：輪郭を整える
④肌：肌荒れをなくす

詳細はこれから説明していきますが、その前に、ぜひ覚えておいてもらいたいことがあります。身だしなみも、実はビジネススキルと全く同じで速く、最高効率で改善するにはコツがあるのです。

ひとつは、**「基本から」**やること。Twitterで僕の美容ケアなどに興味を持ってくれるのはとてもありがたいのですが、いきなり「高額な化粧水を買いました!」「パーソナルトレーニングに通い始めました!」と報告してくれる人がいます。もちろんやる気があるのは何より素晴らしいことなのですが、続けられないと意味がありません。まずは誰でもできて、一見くだらないように見える基本から。この点は仮に美容上級者になっても同じなので、心に留めてください。

そしてもうひとつのコツは、優先度。**「転職への影響が大きい順に」**やることです。髪と服のサイズの優先度を高くしたのは、この2つをやれていないと「マイナス」、つまり相手に不快感を与えてしまうからです。逆に、この2つを今すぐ改善するだけで、転職で悪い印象を与えるリスクはかなり低くできると思います。

54

1000円カットでもセルフでも、髪はこまめに切れ

髪の清潔感を保つうえで最も大切な「基本」は、こまめに切って、整えること。とにかくボサボサではないこと。これに尽きます。この基本さえできていれば、僕はどんな髪型だろうが、どんなシャンプーを使おうが、奇抜でなければどんなカラーにしようがあまり気にしなくていいと思います。

奮発して表参道や原宿にあるおしゃれな美容院に行って「劇的な変化」をとげたとしても、定期的に通えなければ清潔感が継続しません。普段から印象をアップさせる効果はゼロに近い。それよりも大事なことは、1000円カットでもいいから月1くらいの頻度で定期的に切ってもらうことです。

ボサボサに見せないコツは、次の3つです。とはいえ、美容院に頻繁には行けない……という忙しい人におすすめなのが、一部分だけのセルフカット。僕も、5000円くらいのバリカンを通販で購入し、ツーブロックにしているサイドの刈り上げ部分だけは、セルフカットしています。

・横幅を出さない

髪の毛は、サイドの髪が膨らんで、横に広がっていると不潔な印象になります。

・えりあしを短く保つ

えりあしが伸びていると髪の毛を切っていなくて「手入れを怠っている人」という印象になるので気をつけてください。

・前髪が目にかからない

前髪をつくる、つくらないは個人の趣味ですが、仕事では、目にかからない長さに保ちます。

55

髪①

仕事と面接では前髪をつくらず「おでこ」を出す

転職の面接に臨むときは、清潔感のランクをさらに一段底上げしたいところ。

そのために、超簡単で今すぐできるテクニックが、「**おでこを出す**」ことです。髪型は一切変えなくても、ワックスなどで前髪を上げるだけで印象がガラッと変わるので、ぜひ試してみてください。

おでこを出したほうがいい理由は、「顔の明るい色の面積」が増えるから。そして、誰でも（もちろん採用担当者も）直感的に「暗い人」より「明るい人」にいい印象を抱くからです。

おでこを出した場合、出さない場合の印象

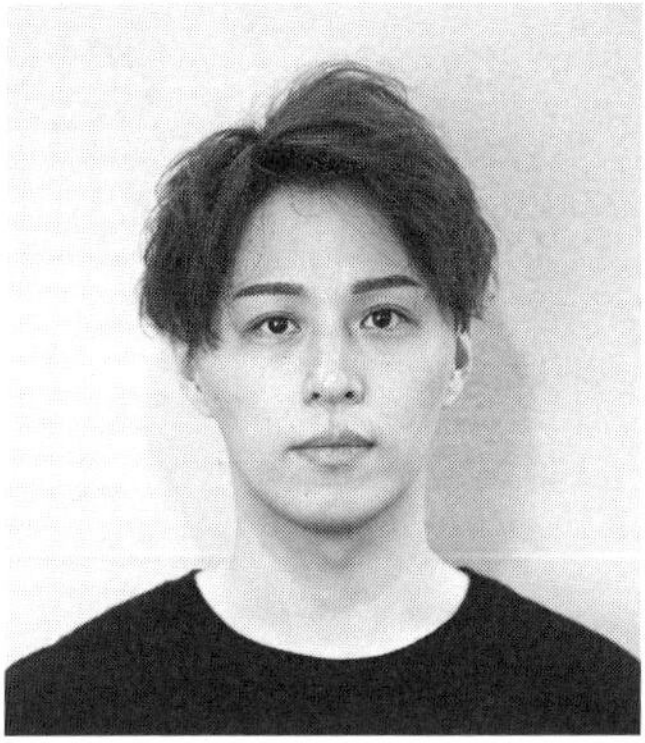

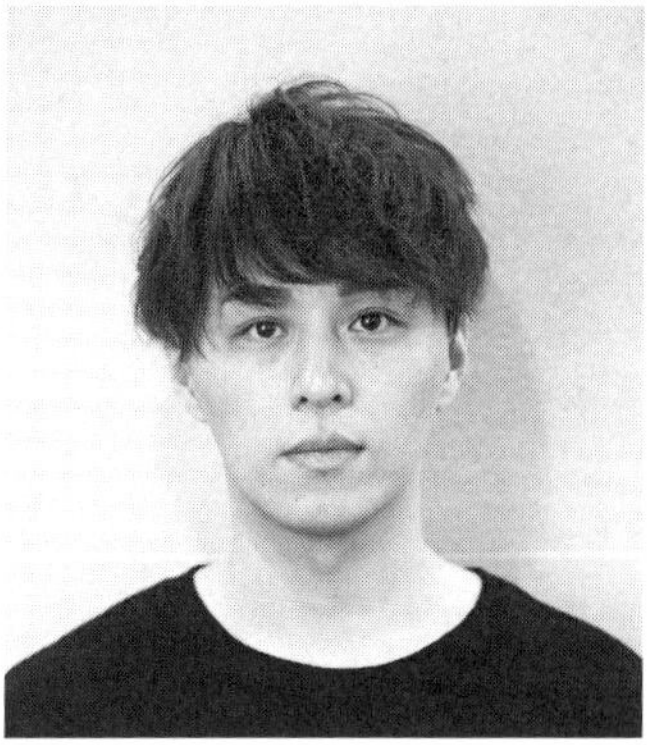

髪に比べて肌のほうが色が明るいので、肌が露出する面積が増えると、顔の印象も明るくなります。しかも、おでこは顔の3分の1くらいの結構広い面積を占めています。普段の髪型で前髪を下ろしていたとしても、面接に行くときはおでこを出すようにしてみてください。

前髪を下ろすスタイルが好みの人は、美容師さんに「前髪を上げても下ろしてもOKの髪型にしたい」と相談してみてください。僕もそうしています。

56

髪②

たどりついた独自のケア「湯シャンと豚毛ブラシ」

僕は20代半ばに頭皮の乾燥が引き金になって、薄毛に悩まされました。そこから、日々のケアを徹底的に見直して、独自の方法にたどりついた経緯があります。頭皮の質や髪質は人により全く違うので、このやり方が全員にあてはまるわけではないと思いますが、参考程度に紹介しておきます。

・湯シャン

僕は長年乾燥に悩み、あらゆる方法を試した結果としてシャンプーをつけずにお湯だけで頭皮を洗う「湯シャン」という方法を4年くらい継続しています。やらないほうがいい人もいると思うので注意していただきたいですが、僕自身はこの方法で抜け毛が気にならなくなりましたし、さらに、おでこの生え際に頻繁にできていたニキビもなくなりました。

今でも髪をセットした日はシャンプーを使いますが、それも低刺激の頭皮に優しいシャンプーで、せいぜい週1〜2回程度です。

・シャワーヘッドとオイルトリートメント

頭皮にはとにかく刺激を与えないように気をつけています。シャワーヘッドを変えて、泡が細かく、肌あたりのよいものを選んだり、湯シャンのあとには、オイルトリートメントをつけたりしています。

・豚毛ブラシ

シャンプーをやめてすぐの頃は、頭皮から脂が出て、ベタベタします。僕はその対策として、豚毛のブラシでブラッシングをするようにしていました。これで、シャンプーをつけなくても頭皮の臭いが気にならなくなりました。

57

不潔なスーツと清潔なTシャツ、選ばれるのはどっち？

服装のマナーについては既に多くのスタイリストさんや服飾の専門家の方が語っているので、僕が何かをいうつもりは全くありません。

ただ、最近のサラリーマンの感覚が、少し変わってきているんじゃないかな、と思うことはあります。ひと言でいうと、**「ただスーツを着ていればOK」ではなくなってきている。**むしろ「Tシャツを着ていても、清潔感がある」のがマナーなのではないか、そのほうが今っぽい感覚なのではと思うようになりました。

僕は、仕事の服がどんどんカジュアル化している今だからこそ、「清潔感」を身につけることが重要だと思っています。これは、普段の仕事でも、面接でも全く同じです。

僕がコンサルティング業界で感じた「服の新しいマナー」は次のようなものです。

・スーツを着ていても、ダボダボだったらNG
・カジュアル面接ならTシャツでも十分受かる。ただし清潔で、シワのないことが条件
・服のセンスが悪いと、仕事のセンスも悪いと思われる

「カジュアルな服を仕事場でも着られてラク！」といういい面もありますが、一方で、「なんでもいいからスーツ」時代より、マナーの難易度は上がった気がします。この変化を、ぜひ自分の味方にできるようにしてください。

もちろん、業界や職種によって全く違うと思うので「自分の職場なら何が新しいマナーか」を考えることはとても大事です。

58

服①

「ジャストサイズ」なだけでどんな体型でも清潔感が出る

では、清潔感を出すためにはどうすればいいのか。何より大切なのは「サイズ感」です。**「ジャストサイズの服」を着る。**最初はこれだけを意識してください。大きい服も窮屈な服も、着ている人がだらしなく見えます。

ジャストサイズを徹底するため、僕は、**スーツとシャツは、ネットで頼めるイージーオーダー**でつくっています。フルオーダーに比べて安いですし、吊るしのスーツよりもフィット感があって、見栄えが圧倒的によくなります。

僕は「FABRIC TOKYO」というお店を利用して、体型が変わってしまった場合は、ジャストサイズに買い替えています。価格はスーツの上下セットで7万円くらいなので、1〜2着つくるだけならフルオーダーよりはかなり安いです。

なお、時間もかかるし、大変なので優先度は低いですが、「根本的に」見た目の印象を変えたいと思ったら

・やせる
・筋肉をつける

この2つが一番効果があります。

洋服をジャストサイズにするだけで、恰幅がよくてもやせていても合格ラインの清潔感は出ますが、そのレベルをさらに上げたいなら、服を着ている体のほうを鍛えるしかありません。

僕は学生時代にラグビー部に入っていたこともあり、筋トレが大好きで今でもずっとハマっています。基本的に筋トレは（正しい方法でやれば）努力した分だけ、成果としての効果が返ってきます。そして、続けていれば積み上がり、成長していく。しかも、その成果は重量や回数といったわかりやすい指標で測ることができます。

59

服②

日常の仕事は「無地」の全身ユニクロ

サイズ以外で僕がもうひとつ意識しているのが**「仕事では、必ず無地の服を着る」**こと。昔の僕がそうだったのですが、おしゃれが「中途半端に」好きな人ほど、柄物を中途半端に取り入れて清潔感が下がっている印象があります。

最近は、オフィスカジュアル化が進んで、仕事で毎日はスーツを着ない人も増えていると思います。オフィスカジュアルが増えれば増えるほど、かえってセンスの悪いことがバレて、マイナス評価になってしまう……そんな事態を防ぐために僕がおすすめしているのが「困ったら、全身ユニクロ」です。ユニクロのなかでも「無地」の「モノトーンに近い服」を選ぶことで、確実に清潔感を手に入れることができます。

仕事服３パターン

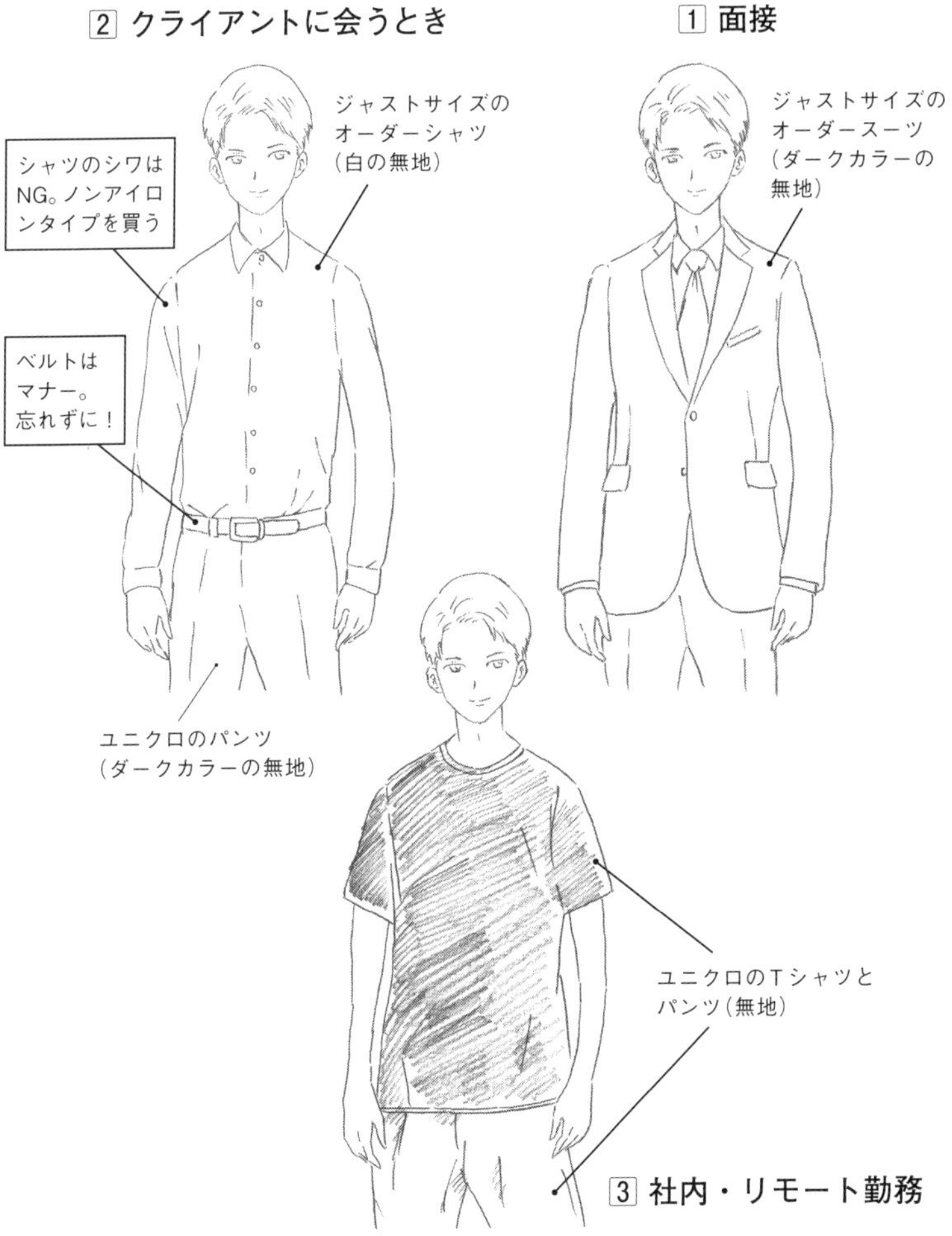

2 クライアントに会うとき
ジャストサイズのオーダーシャツ（白の無地）
シャツのシワはNG。ノンアイロンタイプを買う
ベルトはマナー。忘れずに！
ユニクロのパンツ（ダークカラーの無地）
1 面接
ジャストサイズのオーダースーツ（ダークカラーの無地）
ユニクロのTシャツとパンツ（無地）
3 社内・リモート勤務

60

見た目改善のコスパ第１位は「眉毛」

「顔の印象を変えたい、印象を強くしたい」と考えたとき、最初に何を思いつくでしょうか。

鼻を整形……？　目を二重にする……？

確かに美容整形をすれば、相手への印象を大きく変化させることはできると思います。しかし、予算的にも精神的にもかなりハードルが高く、僕ら一般人にとって現実的とはいえません。それに「顔が美しい・印象的」と僕らが目指す「清潔感」とは、目的とするところが違っています。

その点で、僕が超おすすめするのが「眉毛」を変えることです。

眉毛は、**手入れする前とあとの変化が顔のパーツのなかでも一番わかりやすく、一番コスパがいい**からです。また、**結果が出るまでの時間もほとんどかかりません。**

ちなみに235ページにも写真を載せましたが、僕は、眉毛を変えただけなのに、「あれっ、目力が強くなったね。整形でもした？」といわれることがよくあります。僕はもともと眉毛が薄いのが悩みで、加えて10〜20代前半は若気の至りで眉毛を細く剃っていたので、今の黒くて強い眉毛とは印象が全く違いました。

男性の場合ほとんどの人が眉毛を整えていないので、他の人と比べられる面接の場面では確実に「プラス」の差をつけられます。どんなジャンルを見渡しても、たった数センチの努力で、これほど大きなインパクトが出せる仕事はそんなにありません。ぜひ試してみてください。

61

眉毛①

清潔感がある眉毛には「輪郭」がある

僕が考える「清潔感がある眉毛」の定義はたったひとつ。**「輪郭がしっかりあること」**です。

眉毛を太くするか、細くするか、どこに眉山をつくるか、平行眉にするか、上げるか……などなど、美容の観点で考えると、あり得ないほどたくさんの法則、ルール、約束事があることは、僕も理解しています。女性の場合は眉毛だけで1冊の本が書けるほど、かなり奥深い世界です。

でも、転職活動で印象をよくすることだけを考えるなら、最初にやるべきは**「ムダ**

ムダ毛を処理すると輪郭ができる

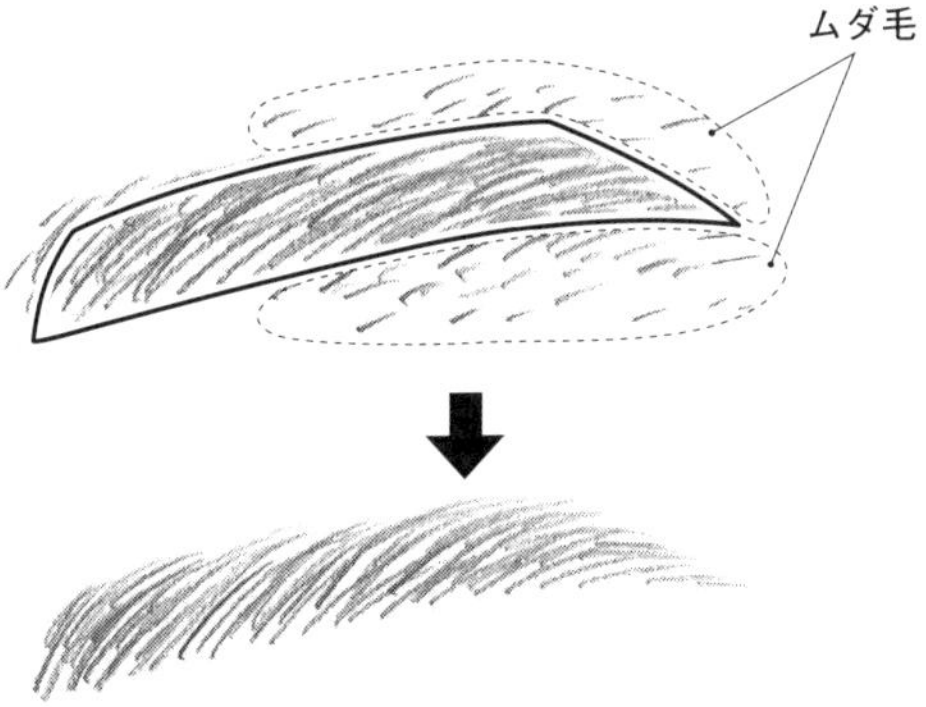

毛」の処理です。これだけで、顔のなかでの眉毛の存在感がぐっと増して、顔の印象が全く変わります。

もしどこがムダ毛でどこが必要な毛かわからないという人は、迷わず眉毛サロンに行くことをおすすめします。最近は男性向けも増えていて、プロに任せれば、30分くらいで輪郭のしっかりした、清潔感のある眉毛が完成します。眉毛はダイエットなどと違い、手入れをした瞬間に変化があるので、転職面接の前には、確実にやっておいたほうがいいと僕は思います。

62

眉毛②

アートメイクは目力を強める「リターン最強の投資」

ムダ毛の処理を完了させ、眉毛の輪郭ができただけでも「清潔感」は合格ラインですが、**ここぞという面接などでさらに「目力」をプラスしたいなら、眉毛を濃く描く**のがおすすめです。

僕はもともと眉毛がかなり薄いのが悩みで、眉毛のメイクだけはずっと欠かさずしていました。残念ながら男性向けのいいアイテムがなかったので、ドラッグストアで「ケイト」の眉毛パウダーを購入。女性の場合は髪の色に合わせた明るい色のパウダーもありますが、僕は売っているなかで一番濃い色（黒に近いもの）を選んでいます。

アートメイクをする前としたあと

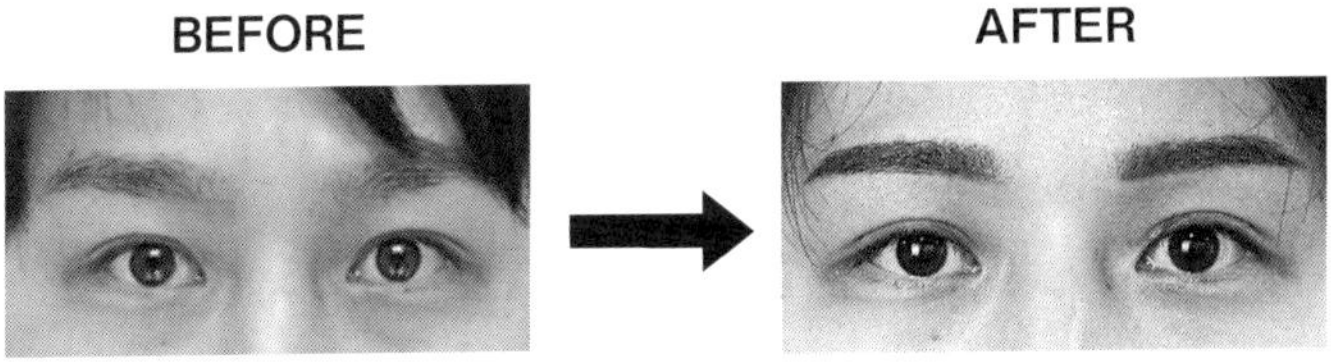

さらに、毎日眉毛を描くのが面倒という人には、**「アートメイク」**という選択肢もあります。アートメイクとは、皮膚の浅い部分にインクを注入する医療行為。僕も昨年クリニックで施術してもらいました。

15万円くらいの費用がかかるので人によっては抵抗があるかもしれませんが

- **印象が格段にアップする（清潔感、目力）**
- **毎日眉毛を描く手間がなくなる**
- **洗顔しても落ちない**

と考えれば、投資対効果は抜群だと思っています。

僕は本来の眉毛よりも長く描くようにしてもらっていますが、自分の顔の形や希望に応じてプロがうまくやってくれます。2年くらいで落ちるので、一生モノのタトゥーのような覚悟もいりません。

63

高い化粧品を買う前に「皮膚科」に行け

「肌が荒れていないか」は清潔感を底上げする、とても大事な要素です。男性の場合、眉毛と同様「皆何もしていないのがあたり前」の領域なので、やったらやっただけプラスがあります。他の人との差別化もできます。

僕も群馬のスバルの工場時代は乾燥で肌がカサカサなのにニキビもできるという最悪のコンディションでしたが、ありとあらゆる商品を試した成果で、今ではすっかりトラブルを克服できました。

最近は年上のクライアントさんから「山下さんは肌きれいだね〜」と褒めてもらえることもよくあります。僕が美容に気をつかっていることを相手が知っていて、話題のきっかけにしていただけることも増えました。趣味などは話さないとわかりませんが、「肌」はコミュニケーションのきっかけにもなるので、気をつかっていてよかったなと感じています。

ただ、僕が「スキンケアに気をつかおう！」というと、すぐに効果を出したい人や肌のトラブルに困っている人ほど突然超高額な化粧水や、美容ケアグッズを買ってしまう傾向にある気がします。僕は、むやみな投資（浪費！）には反対です。

肌のトラブルで気になっていることがあったら（あるいは直近ではそんなになくても）僕は皮膚科に行くことを強くおすすめします。

意外と知られていないことですが、**肌のちょっとしたトラブルは、風邪やけがと同じように、保険診療を受けることができます。**ニキビや肌の乾燥が気になるといった悩みでも受診は可能。いわゆる美容クリニックではなく、街中にある「普通の」皮膚科で、きちんとした治療を行ってもらえます。

皮膚科では、治療とは別に、医師から正しいケアの方法を聞くこともできます。プロから定期的にアドバイスを受けられるのは本当にありがたくて、僕も先生に「自分の肌に合った日常のケアの仕方」を相談しては、それを実践しています。

例えば

・脂が足りていないのか／多すぎるのか
・水分が足りていないのか／多すぎるのか
・ニキビを防ぐケアの方法
・日々のスキンケア商品の選び方
・食事や生活で注意すべきこと

など、自分の「肌のタイプ」を一度分析してもらって、そのアドバイスに沿ったスキンケア商品や薬などを買ったほうがいいと思います。もちろん、症状に合わせて先生が薬を処方してくれることもあります。

逆に、ＳＮＳや周りの人が「いい」といっているものでも、自分に合わなければ意味がありません。僕が本書に載せたスキンケア商品なども、あくまで「僕に合うもの」だということを、忘れないでください。

64

肌①

「血色がいい人」は仕事で相手を不安にさせない

荒れた肌がNGというのは誰でもわかりますが、何がOKかは人の価値観によって違います。僕は自己流ではありますが美容の勉強を少しずつしていくなかで、ひと口に「きれいな肌」といっても、色が白くてみずみずしいツヤのある肌から、日焼けしてちょっとギラギラした健康的な肌、メイクによって完成されたスベスベの肌まで、いろんな価値観があると知りました。

そのなかで、僕が目指しているのは、「血色がいい肌」です。血色がいいとは

・**肌が荒れていない**

・不健康に見えない

この2つを両方満たしている肌と定義しています。

僕の美容の目的はあくまで仕事のためです。いくら透明感あふれる美白肌になったとしても、儚い、不健康なイメージになってしまうことは、僕にとってはデメリットなのです。

「髪」の項目でも書きましたが、面接や仕事での第一印象の勝負は一瞬です。そういうときに血色が悪いと「この人、体調悪そうだけど大丈夫かな?」と相手を不安にさせてしまいます。

では、「血色がいい肌」をつくるために僕がやっていることを紹介します。

・「色付きリップ」で唇の血色をよくする

僕は面接やクライアントとのミーティングの前には、必ず色付きのリップを塗ります。1秒ででき、すぐに健康的な顔がつくれるので、ぜひ試してみてください。

僕が使っているのは美容院の「LIPPS」が男性向けに出しているリップバーム

（ライトオレンジ）です。

・Zoomなどの「エフェクト」機能を使う

最近は、オンラインミーティングの機能のひとつとして、眉毛や唇に色をつけたり、肌の色を明るくしたり、あるいは髪の毛の色を黒くしたりといったエフェクトが付いています。実際に顔を映してみて、血色感が足りないと思ったらぜひ試してみてください。

・BBクリームで「ワントーン明るい肌色」をつくる

面接など、特に血色をよくしたい日におすすめなのが「BBクリーム」です。男性だと「メイク」に抵抗がある人もいるかもしれませんが、BBクリームなら「塗っている感じ」はほとんどなく、肌色をワントーン明るく、ムラなく見せてくれます。普段の日焼け止めの代わりにも使えます。

65

肌②

ヒゲ脱毛は「清潔感と時短」が同時にかなう

「清潔感をアップするならヒゲを剃れ」

こういうことを説く人がたまにいますが、僕は「とにかくスーツを着ろ」と同じで、ちょっと古いビジネスマナーだと思っています。コンサルタントのなかには、あえてヒゲを伸ばしている先輩がたくさんいらっしゃいますが、しっかり整えていて、清潔感がある方ばかりです。もちろん、仕事でも結果を出しています。「清潔に整えていれば、ヒゲは長くても短くてもいい」。これが、これからの新しいビジネスマナーになっていくのではないかと思います。

そのうえで、僕は自分がやってみた実感から、ヒゲ脱毛をおすすめしています。理由は2つあります。

ひとつ目の理由は「肌が荒れず、清潔感が出るから」です。僕は長年フェイスラインのニキビに悩まされていたのですが、ヒゲ脱毛をしてからピタッとなくなりました。さらに、カミソリ負けや生えかけのヒゲで肌が青くなることもなくなり、写真や動画などでも、気にならなくなりました。

2つ目の理由が、「時短」です。僕が実践した美容系の投資のうち一番「時短へのインパクト」が大きかったのが、「ヒゲ脱毛」でした。

投資した金額は総額で23万円、1年半くらいクリニックに通いましたが、毎日5分かけていたヒゲ剃りの時間が「1分以下」になったことで、人生はかなり快適になりました。ちなみに、「デザイン脱毛」といって、ヒゲを伸ばす派の人のためのヒゲ脱毛も存在します。本当に不要なところだけを脱毛することで、いわゆる「無精ヒゲ」とは明らかに差別化できると思います。

66

オンライン面接では「照明」対面面接では「細部」に気をつかえ

最近は、中途採用の面接も、オンラインで行う機会が格段に増えました。オンラインのとき、対面のときでは「見た目について気をつけるべきポイント」が全く違います。対面であれば必須であったマナーも、オンラインでは無意味になることも多くありますし、逆に、オンラインの対策をちゃんとやらないと、対面なら印象がよかった人が全くアピールできないということも、あり得るわけです。

大前提として覚えていただきたいのが

・オンラインでは「印象が半減」

・**対面では「必要以上に細かく見られる」**

という正反対の現象です。そのため、状況によって、やることを全く変える必要があります。

〈オンライン〉

・**とにかく照明（ライト）を使う**

オンライン面接の場合、ライトを使わないと、僕がここまで書いてきた「見た目」についてのアドバイスが、全て無になります！　といっても過言ではないくらい、オンラインのカメラでは印象をアップする（正確に伝える）ことが難しい。むしろ、**「髪」「服」「眉毛」「肌」に全く気をつかっていない人と同列に見られてしまいます。**

一番安いものでいいので、今すぐパソコンに取り付ける円形のライトを購入してください。

ライトさえあれば、肌は今以上に明るく、血色もよく見えます。肌荒れやくまなどを一瞬で飛ばすことができるので、その点はオンラインの大きなメリットです。

〈対面〉

・必ずツメを切る

ツメが長かったり折れたりしていると、清潔感がいっきに台無しになります。前日の夜に短く切ります。

・靴、ベルト、カバンの色をそろえる

対面だと、こうした細部から「気をつかえない人感」がにじみ出てしまいます。僕は「うっかり」をなくすために、カバンは黒にも茶色にも合うナイロンのものを使うようにしています。

・靴を磨く

汚れを取るのは家で。僕はワックスがけだけ、プロに頼んでいます。2～3カ月に1回で十分です。

・口臭対策

マウスウォッシュを使っている人はいると思いますが、できれば歯磨きと、その後にデンタルフロスで歯の間もきれいにするのがおすすめ。デンタルフロスで取れる汚れを見てしまうと、元に戻れません……。

僕が使っている美容グッズ一覧

髪

ミルボン
リーファ
ナリッシング エッセンス

５年愛用している育毛剤。地肌の乾燥が気になる人にはいいと思います。
※サロン専売品。

U-MA
ウーマシャンプー プレミアム

薄毛になるのを心配した20代の頃にいろいろ試してたどりついた「頭皮に優しい」シャンプーです。整髪料をつけた日に使用。

眉毛

カネボウ化粧品
ケイト　デザイニング
アイブロウ3D

ダークカラーが多いので男性も使いやすい。アートメイクする前からの愛用品。

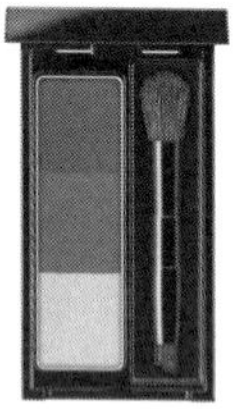

肌

TSUDA COSMETICS
UVカラーバーム
（ベージュオークル）

肌がきれいに見えるのはもちろん、日焼け止めになるのもありがたい。面接のときにつけています。

LIPPS BOY
リップスボーイ リップバーム
（#002ライトオレンジ）

オレンジを使用中。「唇が赤い！」というわざとらしい感じにならず、自然に血色がよく見えるのでお気に入り。

肌（洗顔）

NIPPI COLLAGEN
なめらか泡洗顔

洗顔料は、日によって、気分によって変えています。肌にダメージを与えたくないので泡洗顔が基本。

ロート製薬
オバジC 酵素洗顔
パウダー

酵素洗顔料。黒ずみが気になる日はこれを使っています。

SABON
フェイスポリッシャー
リフレッシング

スクラブ洗顔料。「肌がザラついてるな……」と気になる日はこれで洗います。

肌（スキンケア）

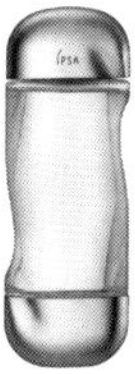

イプサ
ザ・タイムR アクア
（医薬部外品）

毎日使う日常の化粧水。5年以上愛用している、僕にとっての「神商品」です。

NIPPI COLLAGEN
スキンケア ジェル
NMバランス

化粧水の前に使うジェル。冬に乾燥して肌が粉っぽいなと思ったらつけています。

ロート製薬
メラノCC 薬用しみ集中対策
プレミアム美容液

顔の赤みが気になるとき、気になる場所に集中的に使います。

イプサ
ME センシティブ

こちらも日常で使う乳液。いろいろ試した結果、化粧水、乳液はイプサにたどりつきました。

身だしなみの5カ条

- 見た目は実績に「今すぐプラスできる」武器
- 「清潔感」の定義を知ろう
- 髪→眉毛→肌。顔は優先度順に手をつけろ
- 服はサイズが9割
- オンライン面接はまず「ライト」を使え

終章

最後の壁、「メンタルブロック」を解く

67

メンタルブロックを解くには「反復練習」が必要

第5章までで、「転職活動」「転職準備」両方のやり方を説明しました。本を閉じて、今すぐに行動を起こしていただいていいのですが、老婆心ながら、「終章」をつくりました。実は最後の最後に、僕ら転職希望者の前に立ちはだかる壁があるからです。

それは「どうせ自分なんて……」というメンタルブロックです。最後の壁は、恐ろしいことに自分のなかに存在しているのです。

前述した通り、高校を卒業して就職する18歳の僕は、まさにこのメンタルブロックに支配されていました。僕はずっと、自分は学歴が高卒だから、この壁をつくっていたのだと思っていました。しかしあるとき、「前提条件」がどうあれ、思い込みは発生してしまうのではないかと気づいたのです。

実際、転職希望者（全員結構いい大学を出ている人ばかりです）の相談に乗っているなかで、このメンタルブロックの強固さに、何度も驚かされました。

応募してみれば受かるかもしれないのに、「まだ今の自分には早いから」と書類すら送らない人、「僕は学歴が低いから、この企業は無理ですよね？」と聞いてくる人、「中小企業の職歴しかないから、あの会社はキツい」と悲観している人……。第1章の、具体的な会社選びのはるか前で立ち止まり「バッターボックスにすら立っていない人」に数多く出会いました。

皆、自分の置かれた現状を変えたくて転職をしようと思い、積極的に行動して僕に連絡を取り、わざわざ相談に来ている。とても前向きな人たちのはずです。それなのに、いつの間にか自分自身の手で枠を狭め、「やらない理由」をつくり出してしまっているのです。

メンタルブロックを最終的に解けるのは、あなただけです。ただ、僕自身もそうでしたが、「解こう」という意志があっても、すぐに行動には移せない、自分の考え方を変えられない……という場合もあるかもしれません。メンタルブロックは長年積み重なった**「思考の癖の集大成」**みたいなものなので、かなり思い込みが強固な場合もあります。

そこで僕がおすすめしているのが、少しずつでいいので「思い込みを外す練習」をしてみることです。例えば猫背の人が姿勢をよくするためにトレーニングをするような感じで、繰り返し繰り返し、トレーニングをするのです。途中、ちょっと痛みが出るかもしれないけれど、無理をしないで継続していく。

この章では、僕がおすすめする練習方法を、いくつか紹介します。

68

メンタルブロック解除①

「なぜ?」と問いかける練習

メンタルブロックの怖いところは、それが全て「無意識」に行われていることです。だから、その対策は、**まず「自覚する」ことから**始まります。もし、自分が転職に対して二の足を踏んでいたり、受けたいと思っている会社を受けることに戸惑っていたりすると気づいたら……。僕は自分に「なぜ?」と問いかけて、その理由を問い直すようにしていました。

この自分に「なぜ?」と問いかけるやり方は、トヨタ発祥の問題解決のフレームワーク「なぜなぜ分析」から発想しました。

例えばよくあるのが、無意識の学歴コンプレックスが引き起こすメンタルブロックです。

問い「なぜ、コンサルティング・ファームを受けないの？」

↓

答え「自分の学歴が足りていないから」

↓

気づき「自分が高学歴でない」ことと「コンサルティング・ファームを受けない」ことは、つながらない

あるいは、新卒で失敗している過去が枷になって、「大手企業は自分には無理」というメンタルブロックが強固な人も多く存在します。

問い「なぜ、大手自動車メーカーを受けないの？」

↓

答え「過去に、自動車部品メーカーから受かった人を知らないから」

↓

気づき「受かった人を知らない」ことと「大手自動車メーカーを受けない」ことはつながらない

こんな感じで**「なぜ？」のあとの自分の答えをよくよく検証してみると、実は単なる思い込みや、一般論を自分に当てはめてしまっているだけ**だと気づくことができるのです。

もちろん「なぜ？」の問いかけをした結果、その会社を受けないという結論を出しても全く問題ありません。「ここの会社で働くには、絶対にこのＩＴスキルが必要だから、１年間は勉強にあてる」との結論が出せたなら、それも前進です。

根拠を持って撤退することと、思い込みでやめることは大きく違います。そんな似て非なる両者を分離できるのもこの練習のいいところです。

69

メンタルブロック解除②

「応募条件」を無視する練習

「この会社に転職したい！」と思っても、求人票を見てあきらめてしまう人が多くいます。自分では冷静に会社選びをしているつもりかもしれませんが、僕からすると、これも単なるメンタルブロックです。

僕の場合でいえば「応募条件：大学卒業以上」の記載がほとんどの求人票に書いてあるので、大半の会社の条件にあてはまっていません。

つまり、**もしメンタルブロックに負けていたら、僕はほとんどの会社の中途採用には、応募できなかったことになります。**学歴に限らず、あてはまっていない経験やスキルも、大量にありました。しかし、いろんな条件を無視して、無視して、無視し続けたからこそ、今があります。

もし、求人票のところでつまずいているのであれば、僕と同じように、まずは「応募条件」を一切無視して求人票を眺める練習をしてみてください。

この練習を始めてみると、知らず知らずのうちに自分が**「この範囲から会社を選ぼう」と思い込んでいたことに気づきます**。そして徐々に視野が広がってくると、これまで全く考えていなかった会社や、なりたかった職種、新卒のときに行きたかったのに忘れていた業界などが、だんだん目に入ってきます。

70

メンタルブロック解除③

書類選考で「落ちても気にしない」練習

結論から書きますが、応募した会社に落ちても、実は失うものは特にありません。二度と応募できなくなることもないし、今働いている会社で評価が下げられることもありません。あなた自身の今の経験やスキルが減ってしまうわけでもない。お金を取られるわけでもありません。しかし多くの人が「落ちるかもしれないから」という理由で、受けることをやめています。

僕はこのメンタルブロックに阻まれている人には、とにかく「受けてみるしかない」と伝えています。書類を出して出して出しまくる。そうすると、平均7~8割落ちます。これに慣れることで、「受からなければならない」というメンタルブロックが徐々に解除できるのです。

僕自身がデロイトに3回目の書類選考で受かったことからもわかるように、**一度落ちたからといって、そのことが次の選考にプラスにもマイナスにもなりません。**企業側はそのときそのときで、必要な人材を募集しています。あるとき必要だったけれども、2年後だったら受からないということもあるし、その逆もある。どちらも落ちたとしても、スキルを身につけた結果3回目に縁が結ばれることも。受かるかどうかは誰にもわかりませんが、受けなければ受からない。これは厳然とした事実です。

落ちたとしても失うものはない一方で、**落ちた経験から「自分に足りないもの」に気づくことはできます。**僕が書類選考でどんどん落ちることを推奨する理由は、メンタルブロックを解くという意味と同時に、「受かった理由/落ちた理由」を検証できるからでもあります。ほぼ同じ書類を出して、受かった会社と落ちた会社があれば、何が違うのかを検証できます。また、前述したように落ちた理由を転職エージェントに聞けば、それがどうしようもないものなのか、改善して次に生かせるのかもすぐにわかります。

71

メンタルブロック解除④

どうしてもダメなら「あきらめる」練習

メンタルブロックの大半は思い込みなのですが、ときには「どうしても越えられない壁」もこの世界には存在します。

僕の場合でいえば「大学受験への挑戦」や「英語学習」などがそれにあたりました。

「大学で勉強してみたい……」。松田電機入社後、人生で初めてその選択肢を考えた僕は、大学受験用の参考書を買ってきて、週末を使って半年ほど勉強しました。しかし、全く興味がわきません。当時仕事で取り組んでいたモノづくりについての資料は夢中になって何百ページも読めたのに、内容が受験科目になった途端、全く頭に入ってこないのです。「これはちょっと……無理だな」。それが僕の現実的な結論でした。明らかに興味が持てない呪文のような歴史用語や数式を暗記するより、夢中になって読めるモノづくりの資料に取り組み、自動車部品について詳しくなるほうが楽しそうだ。そう思えたことで、松田電機での仕事に、さらに身が入るようになりました。

スバルからの転職を考えたときにも、もうひとつの挫折がありました。

自分が次にやりたいことを考えたときに「プロジェクトの仕事がしたい」のと、もうひとつ「海外で働きたい」という希望が出てきました。松田電機のタイ工場での経験が、本当に楽しかったからです。

そこで僕は、同じ自動車業界でも外資系のメーカーに応募することを考えました。当然ですが、相当高いレベルのビジネス英語が必須です。面接に備えるため、そして仕事で使える英語力を目指して、ありとあらゆる教材で勉強しました。このときも、3カ月くらいはみっちりやったと思います。

しかしやればやるほど、「無理そうだ」という結論に達しました。いくら自動車業界とはいえ、中学英語から学び直しの僕が、英語がネイティブレベルで求められる場所で働くのは、相当難しいことがわかってきたのです。

この2つの体験は、僕に「メンタルブロック」と「やってからあきらめる」の決定的な違いを認識させてくれたように思います。

誰にでも苦手なことはあるし、能力的にどうしても越えられない壁はあります。でも、**やってみないと、それはわからない。**これが僕の持論です。自分の本気度や、実際に夢中になれるかどうか、落ちて悔しいか、どうしてもあきらめられないか……。やってみると、いろんなことがわかります。

コスパを無視して突き進みたいことなら非効率でも続ければいいし、この辺で損切りしようと思うなら、いつやめてもいい。やってみた結果、「あれもダメだった」「これもダメだった」とわかることは、むしろいいことだと僕は思います。

そしてこんな僕がいうから信じて欲しいのですが、やってみたけど全部ダメっていうことは、絶対にありません。何か残るかもしれないし、他の道が開けてくるかもしれない。けれども、それは実際にやってみないと何も始まらないし、何もわからないままなのです。

おわりに　「どうせ無理だよ」という呪い

最後に、僕がなぜこの本を書いたのかについて、個人的な理由を述べておこうと思います。

僕は、親の経済的な事情から児童養護施設に入り、高校卒業までの時期を過ごしました。

児童養護施設の日常は過酷で、僕のいた当時の施設では、上級生からのいじめや暴力が日常的に行われていました。小学校時代体が小さかった僕は、毎晩夜中に先輩にたたき起こされて、殴られたり蹴られたりしました。中学でラグビー部に入り、体を鍛え始めたのも、もともとは自分の身を守るためでした。

そんな環境なので当然ですが、施設では、周りに勉強している人なんて、一人もいませんでした。皆、学歴は中卒か高卒。大学に行った子はゼロです。あとから調べてわかったことですが、日本全体の4年制大学進学率は5割を超えているのに対して、児童養護施設出身者では1割程度という現実があります。

「どうせ無理だよ」。

これまでの人生で、何度そう思ったかわかりません。

「どうせ、僕は大学には行けない」
「どうせ、僕の就職先は限られている」
「どうせ、僕は貧乏なままだ」
「どうせ、僕の人生に面白いことなんて起こらない」

これは僕の無意識にこびりついた「考え方の癖」みたいなものでした。

僕が本を書いた理由は、いろんな場所にいる「どうせ無理だよ」と思っている人に、そんなことはないんだ、単なる思い込みなんだということを、どうしても、どうしても知って欲しかったからです。

「転職して人生を変えよう」。そんなかっこいいことをいいましたが、仕事が変わったり、年収が上がったりしたくらいで僕の過去がチャラになるなんてことはありません。仕事は人生のごく一部だし、過去の僕は僕のままで、そこにいます。生まれ変わるわけじゃない。

でも、それと同じ理由で、今の僕が、過去の自分にしばられる必要もない。そのことに、僕は気づいたのです。**過去がダメだったから、今もダメで、未来もダメなんていう根拠は、全くない。**生まれや育ち、学歴、職歴……僕らは意志さえあれば、今すぐそこから自由になれるのです。それを伝えたくて、この本を書きました。

境遇は人それぞれだと思いますが、無意識に自分の気持ちに蓋をしている全ての人にとって、この本が一歩を踏み出すきっかけになればうれしいです。

最後に、僕を「どうせ無理だよ」という思い込みから解き放ってくれた、1社目の会社、松田電機工業所への心からの感謝を記しておきたいと思います。

松田電機の松田佳久社長は、「立ち仕事が嫌だからこの会社を選んだ」というあり得ない志望動機の僕のような若者に、働く場所を与えてくれました。給料を払って受け入れてくれ、手を挙げれば新製品の担当を任せてくれ、そしてまだ20代の若者にタイ工場の立ち上げを任せてくれました。

僕は独立後、松田電機時代、タイでの海外赴任で一緒に働いた仲間であり、社長のご子息でもある松田悠輝さんと、お互いに仕事の相談をさせてもらっています。これからも、松田電機のために僕が培ってきたキャリアが少しでも役立てば、お手伝いさせていただきたいと考えています。

僕自身もまだまだ未熟者であり、キャリアの途上です。失敗もたくさんすると思います。でも本に書いたことには恥じぬよう、気を引き締めて頑張ります。ぜひ皆さんと一緒に成長し、励まし合っていければうれしいです。

マニュアルは、改訂し続けるものです。ぜひ、本書をベースに各自で内容を塗り替えていってください。

結びとして、僕が大好きなアドラー心理学の祖、アルフレッド・アドラーの遺した言葉を記しておきます。

「遺伝もトラウマもあなたを支配してはいない。どんな過去であれ、未来は『今ここにいるあなた』が作るのだ」※

2021年12月

山下良輔

※『アルフレッド・アドラー 人生に革命が起きる100の言葉』（ダイヤモンド社）

［著者］
山下良輔（やました りょうすけ）
Exception株式会社代表取締役。
1989年、愛知県生まれ。名古屋工業高等学校卒業後、2008年に株式会社松田電機工業所（自動車部品メーカー）に入社。愛知県の工場で生産技術エンジニアとして働く。入社5年目の22歳で、海外（タイ）工場 立ち上げのプロジェクトに参加。1年半にわたる海外駐在を経験。2014年、株式会社SUBARUに転職。先行開発に携わる傍ら、自ら他社に声がけして「共同研修プログラム」を立ち上げ。2016〜2018年、東京理科大学大学院経営学研究科技術経営専攻（MOT）に働きながら通い、修了。
「プロジェクト単位の仕事がしたい」とコンサルティング・ファームへの転職を決意。2018年〜PwCコンサルティング合同会社、2019年〜デロイトトーマツ コンサルティング合同会社にて、コンサルタントとして勤務。大手メーカーへの業務効率化の支援などを行う。2021年8月に独立。
現在はException株式会社の代表として、企業の組織設計、採用支援、キャリア開発などを行う。Twitterでも転職・キャリアについての情報発信を積極的に行っており、20代、30代から支持を得ている。Twitterには年間100件以上の転職・キャリアの相談があり、相談者から「異業種に転職できた」「交渉した結果、年収が200万円アップした」「高卒でも、20代で年収1000万円を超えた」など、多くの喜びの声が寄せられている。本書が初の著書。
Twitter　@RyosukeYamashit

転職が僕らを助けてくれる
——新卒で入れなかったあの会社に入社する方法

2021年12月14日　第1刷発行

著　者——山下良輔
発行所——ダイヤモンド社
〒150-8409　東京都渋谷区神宮前6-12-17
https://www.diamond.co.jp/
電話／03·5778·7233（編集）　03·5778·7240（販売）
ブックデザイン—小口翔平＋奈良岡菜摘（tobufune）
本文デザイン／イラスト—二ノ宮匡（ニクスインク）
編集協力——加藤純平（ミドルマン）
本文DTP——エヴリ・シンク
写真————木村文平
校正————ぷれす
製作進行——ダイヤモンド・グラフィック社
印刷／製本—勇進印刷
編集担当——田中怜子

ISBN 978-4-478-11389-9